Celso Luiz Lacerda Filho

Concurrence successorale entre époux

AF144320

Celso Luiz Lacerda Filho

Concurrence successorale entre époux

En mettant l'accent sur le régime conventionnel de la séparation de biens

ScienciaScripts

Imprint

Any brand names and product names mentioned in this book are subject to trademark, brand or patent protection and are trademarks or registered trademarks of their respective holders. The use of brand names, product names, common names, trade names, product descriptions etc. even without a particular marking in this work is in no way to be construed to mean that such names may be regarded as unrestricted in respect of trademark and brand protection legislation and could thus be used by anyone.

Cover image: www.ingimage.com

This book is a translation from the original published under ISBN 978-613-9-64500-8.

Publisher:
Sciencia Scripts
is a trademark of
Dodo Books Indian Ocean Ltd. and OmniScriptum S.R.L publishing group

120 High Road, East Finchley, London, N2 9ED, United Kingdom
Str. Armeneasca 28/1, office 1, Chisinau MD-2012, Republic of Moldova, Europe
Printed at: see last page
ISBN: 978-620-7-38420-4

RÉSUMÉ

L'État brésilien rejette l'exercice de l'autodéfense, s'arrogeant le monopole de l'exercice de la juridiction et du règlement des conflits sociaux. Une attention particulière doit être accordée aux conflits découlant de la famille, qui, selon la Constitution fédérale, est la base de la société. En tant que source d'origine particulière pour les familles, le mariage a ses propres règles qui établissent des critères d'orientation pour réguler l'exercice social de ce groupe de personnes. L'un des critères régis par le système juridique est la propriété. Les régimes de propriété permettent d'établir des bases et des règles pour réglementer les aspects économiques des couples. La séparation conventionnelle est l'un des régimes patrimoniaux qui fait actuellement l'objet de nombreuses controverses doctrinales et surtout jurisprudentielles. Il existe des doutes sur le fait que le conjoint survivant marié sous le régime de la séparation de biens soit l'héritier du défunt, lorsqu'il est en concurrence avec ses descendants. La question a pris de l'importance en raison de la décision du STJ dans l'affaire REsp 992.749-MS, qui a déclaré qu'un conjoint survivant marié sous ce régime de propriété n'est pas un héritier lorsqu'il est en concurrence avec un ou plusieurs descendants, ce qui a été modifié dans l'arrêt REsp 1.472.945/RJ, qui a conclu dans la direction absolument opposée. L'objectif de cet article est de présenter la discussion, en démontrant les points de vue controversés, en cherchant à identifier les conséquences du débat, ainsi que le courant qui serait le bon. En fin de compte, après une recherche bibliographique approfondie, il est conclu que la discussion a provoqué une incertitude juridique extrême et qu'il ne devrait pas y en avoir, puisque, par choix exprès de la loi, le conjoint survivant est l'héritier du défunt consort, en concurrence avec ses descendants, même s'ils sont mariés sous le régime conventionnel de la séparation de biens.

Mots-clés : Concurrence successorale, conjoint survivant, séparation conventionnelle des biens.

1

INDICE

INTRODUCTION

Les relations sociales, qui sont dynamiques en raison de la nature même de la société, nécessitent une série de modulations afin d'établir des critères d'orientation pour faire face à ce dynamisme, en établissant des maximes pour que la vie en commun, qui résulte de l'interrelation nécessaire entre les êtres humains, soit pacifique et harmonieuse, tout en représentant un développement humain et social croissant, en évitant les échecs.

Les civilisations les plus reculées et les plus primitives, et avant la naissance de la juridiction, en cas de conflits sociaux, utilisaient l'autodéfense comme moyen de résolution, c'est-à-dire qu'elles utilisaient leur propre force pour voir leurs différends résolus, le plus fort étant victorieux, échappant ainsi à l'idée d'égalité et d'isonomie.

L'introduction de normes et de codifications établissant des règles générales pour la résolution des conflits a fait naître l'idée nouvelle de régler les relations sociales sur la base du droit et non de la force. Le pouvoir de dire le droit est alors concentré entre les mains de l'État lui-même, et de promouvoir la paix sociale en réglant ces crises de la société.

Ce n'est que lorsque l'Etat a commencé à s'affirmer et à s'imposer aux individus isolés qu'est apparue progressivement la juridiction qui, représentant le monopole assumé par l'Etat, promeut la paix sociale en substituant la loi à la volonté des parties impliquées dans une crise donnée. Dès lors, cette nouvelle société, protégée par le manteau de l'Etat, via le pouvoir de juridiction, ne conçoit plus que les conflits sociaux soient réglés par la force, via l'autodéfense.

Au Brésil, cette prise en charge du pouvoir juridictionnel représente une garantie fondamentale, exprimée à l'article 5, point XXXV, de la Constitution fédérale brésilienne, selon lequel "la loi n'exclut pas de l'appréciation du pouvoir judiciaire toute atteinte ou menace au droit".

Dans ce contexte, il convient donc d'accorder une attention particulière aux crises sociales liées à la famille. La famille est le berceau de la société et les relations tortueuses qui en découlent ont un impact considérable sur la société dans son ensemble.

Ce n'est pas pour une autre raison que la même constitution de la République brésilienne établit, dans son article 226, *caput,* que la famille est la base de la société et bénéficie d'une protection spéciale de la part de l'État.

Cette protection, semble-t-il, doit être efficace, surtout lorsque l'Etat, qui est compétent, est confronté à une crise juridique familiale. En d'autres termes, les tribunaux doivent protéger efficacement la famille et la société en même temps.

L'affection et le pouvoir de choisir guident la formation de cette base sociale qu'est la famille. En fait, ce qui différencie "cette affaire juridique" des autres, c'est précisément l'affection.

En d'autres termes, dans toute entreprise légale, il existe différentes orientations qui soutiennent sa formation, tandis que dans la formation d'une famille, tout est justifié par l'affection et la recherche constante du bonheur.

L'une des formes de formation de la famille, et peut-être la plus importante, est le lien conjugal, qui est une véritable "négociation juridique" basée sur l'affection.

Le lien entre les personnes, à la recherche du bonheur, est une véritable communion de vie, comme l'établit l'article 1.511 du code civil, lorsqu'il traite du mariage (l'une des hypothèses de l'union conjugale).

L'union ou le lien conjugal est toute formation familiale résultant du libre pouvoir de choix, où un individu envisage de vivre aux côtés d'un autre afin de maintenir et d'établir des liens d'affection. L'institution du mariage est la plus courante pour accueillir ce phénomène social d'union entre les êtres.

Considérant que c'est dans ce contexte que toute la société se maintient, c'est-à-dire sur la base de cette union et de cette communion entre les personnes, et en tenant compte de la répression de l'autodéfense, il est nécessaire de disposer d'instruments efficaces pour réglementer et donner des contours effectifs à cette formation sociale unique.

De cette manière, et sans oublier que l'union conjugale et la communion de vie portent des intérêts extrêmement délicats, comme ceux de nature patrimoniale, des crises profondes surgissent au sein des familles, qui doivent toutes être résolues par l'État.

Le système civil codifié par la loi 10.406/2002 établit différents régimes patrimoniaux entre les époux, chacun avec ses propres caractéristiques et particularités. En outre, la même loi civile établit des critères patrimoniaux dérivés de la relation conjugale, à appliquer après le décès de l'un des conjoints, en liaison directe avec les intérêts des autres membres de la famille.

C'est ce que prévoit l'article 1.829 du code civil brésilien, en particulier le point I. La formulation de la disposition est confuse, mais il en ressort que, selon le régime patrimonial des époux, une solution différente sera donnée au partage des biens en cas de décès de l'un d'entre eux.

Parce que le texte juridique est confus, il est du devoir de l'État, qui est compétent, d'uniformiser l'interprétation du texte, d'en extraire les véritables règles à appliquer.

Toutefois, en raison de la formulation problématique de la disposition, l'application et l'interprétation de cette dernière ont fait l'objet d'une grande incertitude juridique au cours des dernières années, notamment en cas de décès d'un conjoint marié sous le régime conventionnel de la séparation des biens.

Des solutions différentes ont été données par nos tribunaux dans des cas identiques de succession d'époux mariés sous le régime conventionnel de la séparation de biens.

Comme paradigmes, nous citons deux arrêts rendus par la Cour

5

supérieure de justice. Ces arrêts sont relativement récents, mais contiennent des positions absolument antagonistes. Le premier se réfère au REsp 992.749/MS, rapporté par la juge NANCY ANDRIGHI, de la troisième chambre, jugé le 1er décembre 2009. Le second se réfère au REsp 1.472.945/RJ, rapporté par le juge RICARDO VILLAS BOAS CUEVA, également de la troisième chambre, jugé le 23 octobre 2014.

En raison de cet antagonisme, d'innombrables jugements sont rendus dans tout le pays, et au STJ lui-même (en raison du pouvoir juridictionnel naturel confié à l'État), certains suivant une position, d'autres s'affiliant à la position opposée, causant des dommages graves et irréparables à la société, sapant la qualité et la sobriété attendues de la juridiction de l'État.

Malgré la complexité du sujet, la question à résoudre est très simple : après tout, le conjoint survivant, marié sous le régime de la séparation de biens conventionnelle, est-il un héritier en concurrence avec les descendants du défunt consort ?

La réponse à cette question, dans le premier précédent transcrit ci-dessus (REsp 992.749/MS) est négative, tandis que dans le second (REsp 1.472.945/RJ) elle est positive.

Il convient de souligner qu'il ne s'agit pas simplement d'un doute doctrinal, académique ou jurisprudentiel. Il s'agit en fait d'une incertitude émanant de la plus haute juridiction de notre pays, dans une affaire d'ordre infra-constitutionnel.

Il convient d'ajouter que la fonction première de la Cour supérieure de justice est de garantir l'interprétation uniforme du droit positif fédéral infra-constitutionnel.

Dans une affaire aussi délicate que celle examinée ici, la divergence des conclusions apporte-t-elle la sécurité juridique que l'on attend du pouvoir judiciaire ? Quelle serait la bonne réponse au doute qui existe dans la doctrine et la jurisprudence en la matière ?

Afin de donner un aperçu raisonnable du problème, ce travail abordera toutes les questions entourant le sujet et, par une interprétation efficace et concaténée de l'acquis positif de notre système sur le sujet, cherchera à résoudre de manière plausible les questions soulevées ici.

SECTION I - FAMILLE ET MARIAGE

L'interrelation entre les personnes est un besoin humain. En effet, le regroupement des êtres découle de l'instinct même de chaque espèce.

L'attirance entre les personnes est naturelle. Les gens se rencontrent. Des groupes se forment. Les gens se reproduisent. Des familles naissent.

Cette formation ou ce regroupement d'êtres vise à sauvegarder diverses valeurs et instincts. Mais tout, absolument tout, se résume à l'affection et à la recherche acharnée du bonheur.

C'est une affection qui se traduit par toutes sortes de liens entre les personnes. Selon Dias :

> Les liens affectifs ne sont pas l'apanage de l'espèce humaine. L'**accouplement a** toujours existé entre les êtres vivants, que ce soit par l'**instinct de perpétuation de l'espèce** ou par la véritable aversion que tous les hommes ont pour la **solitude** (Dias, 2011, p. 27).

Ce besoin impérieux de s'unir à d'autres et de poursuivre l'espèce sont les causes déterminantes de la formation des familles. Et c'est ainsi que se constitue une société, par la formation de groupes.

En conceptualisant la famille, Farias et Rosenvald disent :

> Étymologiquement, l'expression *familia* vient de la langue des Oscans, un peuple du nord de la péninsule italienne, *famel* (de la racine latine *famul)*, *qui* signifie *serviteur* ou *groupe d'esclaves appartenant à un même maître.* Cette origine terminologique n'exprime cependant pas le concept actuel de famille, mais sert seulement à démontrer l'idée de regroupement. (...) Au fil du temps, cependant, le concept de famille s'est considérablement modifié jusqu'à devenir aujourd'hui un concept multiple, pluriel, qui peut concerner un ou plusieurs individus, liés par des traits biologiques ou socio-psycho-affectifs, dans le but d'établir, sur le plan éthique, le développement de la personnalité de chacun d'entre eux. (...) À ce titre, la famille est indéniablement la première institution sociale et peut être considérée comme un système de relations interpersonnelles et sociales, avec ou sans la présence de la sexualité humaine, dans le but de contribuer à l'*épanouissement des personnes humaines qui composent un noyau donné. C'est* précisément dans cet environnement primaire que l'homme se distingue des autres animaux, en raison de sa capacité à choisir ses voies et ses orientations, en formant des groupes où il développera sa personnalité. (Farias et Rosenvald, 2014, p. 40/41)

L'union conjugale, c'est-à-dire celle qui résulte de l'attirance physique et sexuelle, est la forme la plus pure de la formation et de l'origine de la famille. Grâce à cette union, des personnes se reproduisent, d'autres naissent et des constructions familiales se mettent en place. Des enfants, des parents, des mères, des frères et sœurs, etc. naissent.

Il existe désormais une structure entre les personnes, dont la connexion est vérifiée par la nature du lien. L'affection, l'amour, l'amitié, la camaraderie, la gratitude, entre autres sentiments issus de l'homme lui-même, favorisent le renforcement de ce lien, tout en donnant naissance à de nouveaux groupes familiaux.

La liberté de choix, le pouvoir de décider de sa propre ligne de conduite, confère au sujet humain le statut d'être doté d'une caractéristique inégalée par d'autres êtres : concevoir son avenir et rechercher le bonheur aux côtés d'autres personnes.

Ce libre arbitre, s'il a des caractéristiques positives, a aussi des caractéristiques extrêmement négatives. Et cette liberté doit être encadrée et limitée, pour éviter qu'un être conditionne son bonheur au malheur d'un autre.

Pour paraphraser DIAS (2011, p. 27), dans le but de donner l'égalité, l'interventionnisme étatique, comme quelque chose de nécessaire, et visant l'organisation même de la société, composée de groupes familiaux, a institué la figure du mariage, imposant, à travers cet institut, des limites à l'homme, l'empêchant, à la recherche de son bonheur, d'échapper à un autre être son objet.

Cette idée d'égalité se limite donc à la réalisation d'un bien plus grand, à savoir la paix sociale et l'égalité de traitement entre les membres de chaque groupe familial. L'idée est qu'il doit y avoir une division correcte des droits et des devoirs, en attribuant une véritable répartition des tâches et des prérogatives à chaque être, considéré isolément, de sorte que, avec les autres, il y ait une véritable réalisation du but/bonheur, donnant des contours qualitatifs positifs à l'ensemble de la société.

Le mariage est donc une organisation culturelle et structurée qui établit des lignes directrices et des règles générales pour les relations interpersonnelles, dessinant ainsi la formation et l'orientation même de la société dans son ensemble, de manière absolument équilibrée (Dias, 2011, p. 27).

Aux termes de l'article 1.511 du code civil brésilien, le mariage établit une véritable communion de vie entre les personnes concernées. Cette communion ne connaît donc aucune restriction et il existe une véritable corrélation entre tous les intérêts et aspects humains, dans une véritable fusion entre deux personnes, que ce soit dans leurs aspects émotionnels, sentimentaux et personnels, ou dans leurs aspects professionnels, économiques et patrimoniaux.

Ainsi, cette combinaison de buts et d'idéaux, et surtout de sentiments, confère au mariage ses caractéristiques particulières et suprêmes. Pour Farias et Rosenvald :

> Il ne fait aucun doute que le mariage a une variété d'effets juridiques, qui se répercutent à la fois dans la sphère personnelle et dans la sphère économique. En d'autres termes, étant donné qu'il s'agit d'une communion de vie à part entière, dont le but est de servir l'épanouissement physiopsychique de la personne humaine, le mariage (ainsi que d'autres communautés familiales) a des conséquences tant sur la personne des époux que sur leur patrimoine. (...). Or, en considérant le caractère indivisible de la communion de vie, on arrive à la conclusion fatale que l'union entre deux êtres humains, marquée par l'affection, comporte une combinaison d'aspects affectifs et matériels. Et il n'y a pas d'autre conclusion à tirer de l'idée de la plénitude de la communion matrimoniale. (Farias et Rosenvald, 2014, p. 297/298)

Le mariage est donc une institution qui réglemente l'union entre les êtres, en leur donnant des contours juridiques et en établissant des critères et des règles pour protéger ce type de formation sociale, tout en leur assignant des devoirs et des obligations découlant de la communion de la vie elle-même.

D'aucuns comparent cette institution à une véritable entreprise, comme le note NADER (2006, p. 431), qui précise que la famille "détient des actifs, produit ou fournit des services, traite des actifs et des passifs, bien que sa comptabilité soit informelle".

Et que, lorsque l'union conjugale est établie, il existe une véritable division des tâches, afin de réaliser les intérêts communs, notamment en raison du soutien familial, qui engendre des dépenses et des obligations (MADALENO, 2009, p. 155/156).

En conceptualisant le mariage, et compte tenu de ces aspects, Farias et Rosenvald concluent que :

> (...) le mariage est *une entité familiale établie entre des êtres humains, méritant une protection spéciale de l'État, constituée formellement et solennellement, formant une communion d'affections (communion de vie) et produisant différents effets dans les sphères personnelle, sociale et patrimoniale. Il s'agit certainement d'une des formes de régulation sociale de la coexistence entre personnes liées par l'affection. En effet, il semble certain et indéniable que les êtres humains ont besoin de vivre ensemble pleinement, en s'aidant mutuellement dans les domaines matériel, psychologique, sexuel, biologique et spirituel. Le mariage est donc l'un des moyens d'atteindre cette plénitude, sur la base de l'expérience humaine. C'est un mécanisme de formation d'une famille, avec des objectifs divers et des perspectives très personnelles* (Farias et Rosenvald, 2014, p. 179).

Le mariage est donc un instrument social permettant de fonder une famille, par l'application de règles et d'exigences qui structurent et légalisent l'interaction homme/mariage, dans le seul et unique but de protéger ce type de communion de vie. Complexe, donc.

SECTION II - RELATIONS PATRIMONIALES DANS LE MARIAGE - RÉGIME DES BIENS

Par le mariage, il y a une adhésion totale d'un être à tant de variables d'un autre être. Il y a une communion absolue des valeurs et des sentiments. Les aspects émotionnels, physiques, professionnels et patrimoniaux se rejoignent. L'un projette sur l'autre un idéal de vie meilleure et plus heureuse. La conclusion du code civil est correcte : il existe une véritable communion de vie.

Compte tenu de la complexité de la vie commune, le mariage doit établir des règles de conduite et, parmi les nombreuses valeurs à embrasser, les aspects patrimoniaux sont extrêmement nécessaires et délicats.

L'intention d'un couple de devenir mari et femme devant la loi exige que les deux signent un véritable contrat d'adhésion aux conditions établies par la loi (DIAS, 2011, p.219).

Le mariage est un acte véritablement formel et solennel, par lequel deux personnes s'unissent par la promesse d'une fidélité réciproque et d'une assistance mutuelle.

Selon M. Dias :

> Le mariage établit une pleine **communion de vie** (CC 1.511) et impose des devoirs et des obligations réciproques (CC 1.565) : *par le mariage, un homme et une femme assument mutuellement le statut de consort, de partenaire et de responsable des charges de la famille.* Il ne s'agit pas seulement d'une communion affective. Il génère également une solidarité entre les époux et l'entité familiale. Outre l'assistance mutuelle, le couple est responsable de l'éducation des enfants et de l'entretien de la maison commune. Ils sont tous deux responsables de la subsistance de la famille et doivent couvrir les frais et faire face aux dépenses avec leurs revenus et leurs biens, dans la mesure de leurs disponibilités respectives. La vie en famille implique une imbrication non seulement des vies, mais aussi des patrimoines, d'où la nécessité de définir, avant les noces, les questions relatives aux patrimoines, aux revenus et aux responsabilités de chacun des époux. L'existence d'un patrimoine individuel, l'acquisition de biens communs et la volonté de se constituer un patrimoine pour assurer l'avenir de la descendance sont autant de facteurs qui introduisent des aspects économiques dans le mariage. C'est pourquoi la loi ne se contente pas de réglementer sa célébration et sa dissolution.

Le mariage comporte donc des variables économiques qui doivent être préservées et réglementées. En effet, compte tenu du principe de l'autonomie privée, il est possible pour les époux d'établir des règles de nature patrimoniale à respecter pendant le mariage (art. 1.639 du code civil brésilien). En fait, cette liberté de choix donne au couple non seulement le pouvoir, mais aussi le devoir d'établir un véritable " statut patrimonial du mariage " (Farias et Rosenvald, 2014, p. 300).

Suivant cette possibilité, le code civil brésilien établit quatre régimes de propriété possibles, dont l'un doit être appliqué à chaque mariage. Même si les parties ne se prononcent pas sur les règles de propriété, le système civil impose l'application d'un régime de propriété spécifique (article 1.640 du code civil brésilien).

Ces règles patrimoniales sont appelées "régimes patrimoniaux". Les effets des régimes de propriété choisis par le couple sont projetés tout au long de leur vie conjugale, ainsi qu'après leur décès.

Dans ce contexte, il est nécessaire de connaître chaque type de régime de propriété, ses implications et ses effets, comme nous le verrons ci-dessous.

SOUS-SECTION II.1 - LES DIFFERENTS REGIMES PATRIMONIAUX - LA COMMUNAUTE PARTIELLE DES BIENS

Le système juridique confère au régime de la communion partielle des biens le caractère d'un régime de règle, selon lequel, même s'il n'y a pas d'accord sur les biens matrimoniaux, le régime de la communion partielle s'applique.

Selon Farias et Rosenvald :

> Traitée par le droit brésilien comme un régime supplétif de volonté, la communion partielle ne nécessite pas (...) la conclusion d'un accord prénuptial, et prévaut en cas de silence des parties ou en cas d'invalidation de l'accord. (Farias et Rosenvald, 2014, p. 352)

Par conséquent, s'il n'y a pas d'accord sur la destination des biens après le mariage, ce qui se fait par le biais d'un contrat de mariage, le régime de la communauté partielle de biens s'applique.

Ce système est consacré par le code civil brésilien, via les articles 1.658 à 1.666. En interprétant ces dispositions, il faut concevoir l'existence de deux types de succession.

La première constitue la collection du patrimoine privé. Le second, le patrimoine commun.

Selon le Code civil, le patrimoine privé comprend : I - les biens que chacun des époux possède au moment du mariage, et ceux qui leur reviennent pendant le mariage, par donation ou succession, et ceux subrogés à leur place ; II - les biens acquis avec des objets de valeur appartenant exclusivement à l'un des époux en subrogation du patrimoine privé ; III - les obligations antérieures au mariage ; IV - les obligations résultant d'actes illicites, à moins qu'elles ne soient inversées au profit du couple ; V - les biens personnels, les livres et les instruments de la profession ; VI - le produit du travail personnel de chaque époux ; VII - les pensions, les demi-soldes, les montepios et autres revenus similaires.

Le patrimoine commun, toujours selon le Code civil, est constitué des biens qui reviennent au couple pendant le mariage : I - les biens acquis pendant le mariage à titre onéreux, même si ce n'est qu'au nom de l'un des époux ; II - les biens acquis par hasard, avec ou sans l'apport de travaux ou de dépenses préalables ; III - les biens acquis par donation, héritage ou legs, en faveur des deux époux ; IV - les améliorations apportées aux biens propres de chaque époux ; V - les fruits des biens communs, ou des biens propres de chaque époux, réalisés pendant le mariage, ou en cours au moment de la cessation de la communauté.

Selon les dispositions du code civil sur le régime de la communion partielle des biens, les biens énumérés ci-dessus comme étant privés ne font pas partie de la communauté de biens du couple. En d'autres termes, les biens et obligations privés restent privés même après le mariage. C'est ce que l'on peut extraire de la volonté de la règle, inscrite dans le texte légal objet de l'article 1.659 du Code civil brésilien.

En revanche, les biens et obligations nés pendant le mariage sont inclus dans la communauté et sont donc considérés comme des biens communs du couple (art. 1.660 du code civil brésilien). Ainsi, en comparant ces dispositions, on peut conclure que le régime de la communauté partielle de biens "répond à une certaine logique et a une composante éthique : ce qui est à moi est à moi, ce qui est à toi est à toi, et ce qui est à nous est la moitié de chacun (DIAS, 2011, p. 235)".

Comme cela a déjà été souligné, les effets patrimoniaux du régime choisi ont des répercussions au-delà de la vie des époux. Après le décès de l'un d'entre eux, le régime patrimonial aura des répercussions sur le sort de la succession.

En fonction du régime de propriété applicable, l'héritage suivra un chemin spécifique. En effet, le point I de l'article 1.829 du code civil brésilien établit les règles de succession lorsque le défunt a laissé un conjoint et des descendants, par le biais de solutions différentes en fonction du régime de propriété.

Dans cette logique, si le défunt était marié sous le régime de la communauté partielle de biens et qu'il laisse des descendants dans sa ligne de succession, ceux-ci n'entreront en concurrence avec le conjoint survivant qu'en ce qui concerne les biens propres et, en ce qui concerne les biens communs, il n'y aura que le droit d'hériter de l'épouse superstitieuse.

À cet égard, les commentaires de Farias et Rosenvald sont opportuns :

> (...) le point I de l'article 1.829 du Code de 2002 établit que dans le régime de la communauté partielle, le conjoint survivant n'entre en concurrence avec les descendants qu'en ce qui concerne les *biens propres* du défunt. Ainsi, le législateur a établi l'exercice de deux droits différents, sur deux sphères de biens différentes : dans le régime de la communauté partielle, le conjoint superstitieux aura le droit d'hériter des biens privés et le droit d'hériter des biens communs (acquis à titre onéreux pendant le mariage). Par conséquent, selon le Code civil, *là où l'on hérite, on n'hérite pas, et là où l'on hérite, on n'hérite pas.* (Farias et Rosenvald, 2014, p. 355)

Ainsi, dans la succession d'un individu marié qui a laissé des descendants et dont le patrimoine n'est constitué que de biens communs, le conjoint survivant ne sera pas un héritier, mais seulement un métayer. En d'autres termes, le conjoint survivant recevra ce qui lui revenait déjà : la moitié de la succession commune.

En ce qui concerne la propriété privée, la position du législateur est intéressante. Bien qu'il précise que les biens privés sont exclus de la communion, il existait la possibilité, en cas de décès, de donner au conjoint survivant le droit d'hériter des biens privés du défunt, en concurrence avec les descendants.

Ainsi, même si la succession n'est constituée que de biens exclus de la communion (patrimoine privé), le consort vivant participera à la succession en tant qu'héritier, en concurrence avec les héritiers descendants.

En effet, la qualification du conjoint en tant qu'héritier nécessaire est une opposition législative expresse, énoncée à l'article 1.845 du Code civil, comme suit : "Art. 1.845. Les descendants, les ascendants et le conjoint sont des héritiers nécessaires".

Il est à noter que la qualité d'héritier nécessaire du consort n'est subordonnée à aucun régime patrimonial, il suffit qu'il y ait union conjugale.

Il convient de souligner qu'il existe une controverse jurisprudentielle sur le sujet, qui fait même l'objet d'un débat dans les cas paradigmatiques indiqués dans l'introduction (REsp 992.749/MS et REsp 1.472.945/RJ). La même solution donnée au débat sur le régime conventionnel de séparation de biens a été donnée au concours successoral dans le régime de la communauté partielle de biens, dans chacun des arrêts cités.

Cette controverse sera toutefois abordée ultérieurement. Pour l'heure, il est clair que la discussion jurisprudentielle porte sur la possibilité pour le conjoint survivant d'entrer en concurrence avec les descendants du défunt pour l'obtention d'un bien privé.

Selon le texte légal (art. 1.829, point I, du code civil brésilien), si le mariage est sous le régime de la communauté partielle, il n'y a pas de doute quant à la participation du conjoint à la succession des biens privés. Toutefois, les raisons des interprétations divergentes seront mieux expliquées ci-dessous.

Par ailleurs, à ce sujet, il convient de retranscrire le contenu de la déclaration n° 270 du Conseil fédéral de la Justice :

> L'article 1.829, point I, ne garantit au conjoint survivant le droit de concourir avec les descendants du défunt que lorsqu'ils sont mariés sous le régime conventionnel de la séparation de biens ou, s'ils sont mariés sous les régimes de la communion partielle ou de la participation définitive à la succession, que le défunt avait des biens propres, auquel cas la concurrence est limitée à ces biens, les biens communs (la moitié) devant être partagés exclusivement entre les descendants.

Ainsi, conformément aux exigences de la règle, on constate que de profondes contextualisations peuvent être effectuées en fonction du régime de propriété applicable, chacune d'entre elles ayant une réelle force disciplinaire.

SOUS-SECTION II.2 - LES DIFFERENTS REGIMES DE PROPRIETE - LA COMMUNAUTE UNIVERSELLE DE BIENS

Le régime de la communauté universelle de biens entraîne une mise en commun des biens, en communiquant les biens présents, passés et futurs. Selon Farias et Rosenvald (2014, p. 357), " à travers la communion universelle, une masse patrimoniale unique est formée pour le couple, établissant une unité de patrimoine, atteignant les crédits et les dettes et communiquant les patrimoines passés et futurs ".

De plus, selon d'illustres érudits :

> D'une manière générale, à travers le régime de la communauté universelle, l'individualité du patrimoine de chacun cesse, et un patrimoine universel se forme entre les partenaires, réunissant l'ensemble des biens, des crédits et des dettes de chacun. Il s'agit d'une véritable *fusion des patrimoines*, formant une masse unique qui appartient aux deux, à parts égales, comme un condominium et grâce à laquelle chaque participant aura droit à une *part de* tous les biens qui composent cette universalité constituée, qu'ils aient été acquis avant ou après les noces, à titre onéreux ou à titre gratuit. (Farias et Rosenvald, 2014, p. 357)

Ce régime de propriété est prévu dans le code civil brésilien, aux articles 1.667 à 1.671. Compte tenu de sa pertinence, le contenu de l'article 1.667 est transcrit : "Le régime de la communauté universelle implique la communication de tous les biens présents et futurs des époux et de leurs dettes passives, à l'exception de l'article suivant".

Si les époux optent pour le régime de la communauté universelle de biens, ils doivent signer un pacte prénuptial avant la célébration du mariage. Il s'agit d'une obligation légale prévue à l'alinéa unique de l'article 1.640 du code civil brésilien.

Selon le libellé de la dernière partie de l'article 1.667, il existe des réserves concernant le partage des biens dans ce régime universel. Selon l'article 1.668, sont exclus de la communion I - les biens donnés ou hérités avec une clause d'incommunicabilité et ceux subrogés à leur place ; II - les biens fiduciaires et le droit de l'héritier fiduciaire, avant que la condition suspensive n'ait eu lieu ; III - les dettes contractées avant le mariage, à moins qu'elles ne proviennent de dépenses faites avec le mariage, ou qu'elles ne reviennent à l'intérêt commun ; IV - les donations prénuptiales faites par un époux à l'autre avec la clause d'incommunicabilité ; V - les biens personnels, livres et instruments de profession ; VI - le produit du travail personnel de chaque époux ; VII - les pensions, demi-soldes, montepios et autres revenus similaires.

En ce qui concerne les effets patrimoniaux prévus après le décès de l'un des époux, le I de l'article 1829 du code civil exclut le conjoint de la qualité d'héritier s'il entre en concurrence avec les descendants du défunt, puisqu'il est déjà réservataire de la moitié de l'ensemble de la succession du défunt.

Ainsi, dans le régime de la communauté universelle de biens, il y a un partage total des biens, le conjoint étant métayer de tous les biens, à l'exception des hypothèses de l'article 1.668 du code civil brésilien. Par conséquent, s'il est en concurrence avec un descendant du défunt, il n'est pas un héritier, mais seulement un métayer.

SOUS-SECTION II.3 - LES DIFFERENTS REGIMES DE PROPRIETE - LE REGIME DE CONTRIBUTION FINAL

Il s'agit du régime de propriété conçu par l'actuel code civil brésilien. Selon Leite (2005, p. 347), "ce régime a été importé des pays nordiques, plus précisément de Suède, puis d'Allemagne (1957) et enfin de France (1965)".

Il s'agit d'un véritable " régime de propriété mixte, hybride, résultant d'un *mélange* entre les règles de séparation conventionnelle et de communion partielle des biens " (Farias et Rosenvald, 2014, p. 366).

Ce régime indique que pendant la cohabitation du couple, les biens de chacun seront administrés individuellement par leur propriétaire respectif, avec une véritable séparation des patrimoines. Toutefois, en cas de rupture du mariage, il y aura un partage des biens accumulés pendant l'union, qui seront considérés comme aquestos, et le couple se partagera les biens acquis à titre onéreux pendant l'union.

Selon Tartuce :

> La règle fondamentale du régime est la séparation conventionnelle des patrimoines pendant le mariage et, en cas de dissolution de la société matrimoniale, ce qui se rapproche d'une communion partielle des patrimoines. À la fin de l'union, chaque époux aura droit à une part des biens qu'il a contribué à acquérir, et il devra prouver qu'il s'est efforcé de le faire, puisque l'art. 1.672 du CC prévoit qu'ils ont droit à la moitié des biens acquis à titre onéreux pendant l'union (Tartuce, 2014, p. 1.190).

Pour Araujo et Medina :

> Sous le régime de la séparation de la participation finale des époux, les deux époux administrent leurs biens de manière indépendante et autonome, sans aucune ingérence dans leur administration et leur disposition. La communication ne sera établie qu'au moment de la dissolution de la relation conjugale. Les biens acquis pendant le mariage font partie du patrimoine individuel de chaque partenaire. En cas de séparation, les biens acquis à titre onéreux et constatés dans la phase finale seront partagés. Les biens acquis avant le mariage ne sont pas communiqués à l'occasion de la séparation (Araujo et Medina, 2013, p. 1 009).

Très peu utilisé dans la pratique et d'une certaine efficacité pour les couples d'entrepreneurs (Diniz, 2007, p.176), le régime de participation finale des époux exige un accord prénuptial (art. 1.640, code civil brésilien).

Il comporte des règles difficiles à comprendre et a un effet pratique complexe, exigeant une comptabilité réelle et détaillée, même pendant l'union, afin qu'en cas de rupture du mariage, il soit possible de partager les biens (Dias, 2011, p. 243).

En ce qui concerne les aspects patrimoniaux de ce régime patrimonial, Maria Berenice Dias, avec son aptitude particulière, explique que

> Dans le régime de la contribution finale, il existe des **biens propres** : ceux que chaque époux possédait déjà au moment du mariage, ceux acquis par subrogation et ceux reçus par héritage ou libéralité (CC 1.674 I et II). Il existe également un **patrimoine commun** : celui acquis par le couple pendant le mariage. Les biens

propres sont les biens privés de chacun, plus ceux acquis en leur nom pendant le mariage (CC. 1.673). En dehors de cela, il y a les **aquestos** : ce sont les biens de chaque époux accumulés pendant le mariage, auxquels s'ajoutent les biens acquis en commun pendant la même période. Ce sont ces biens - avec ces nuances - qui seront partagés et indemnisés lors de la dissolution du mariage. Chaque conjoint a droit à la moitié des **biens** communs (biens acquis en commun par le couple) plus la moitié de la **valeur des biens séparés** (acquis par l'autre pendant le mariage). Une fois que la valeur des biens de chaque époux a été déterminée, les montants sont compensés et répartis entre les époux. Pendant le **mariage**, chaque époux conserve la propriété et la **libre administration de** ses biens **propres,** qui sont constitués des biens qu'il possédait au moment du mariage et de ceux qu'il a acquis, pour quelque raison que ce soit, au cours de sa vie commune. Les **biens immobiliers** sont la propriété de l'époux dont le nom figure sur l'acte de mariage. Les **biens immobiliers sont la** propriété de l'époux dont le nom figure sur l'acte de mariage (CC 1.681), mais pour être vendus, les époux doivent se mettre d'accord. Il est toutefois possible de convenir de la libre disposition des biens privés dans le **contrat de mariage** (CC 1.656). Chaque époux peut disposer de ses **biens mobiliers** (CC 1.673, alinéa unique), même s'ils sont présumés avoir été acquis pendant le mariage (CC 1.674, alinéa unique). Lors de la séparation, **chaque époux** se retrouve avec (a) la totalité de ses **biens propres** acquis avant le mariage ; (b) la **moitié des biens communs** acquis par les deux pendant le mariage ; (c) ses biens propres acquis pendant le mariage ; et (d) la moitié de la différence entre la valeur des biens que l'autre a acquis en son nom propre pendant le mariage. Avec la dissolution du mariage, il y a une unité communicable de biens communs et deux autres composées des biens de chacun des époux. Les **biens communs** seront **partagés.** Une fois les biens de **chaque partenaire** déterminés, ils ne seront pas divisés, mais **compensés.** Lorsqu'il y a une différence de valeur entre les biens, le conjoint non propriétaire est remboursé en espèces. À défaut de liquidités, les biens peuvent être aliénés avec l'autorisation du tribunal. La différence entre ce régime patrimonial et le **régime de la communauté partielle est** que dans ce dernier, la communication des biens est immédiate pendant le mariage. Dans le régime de la communion finale, comme son nom l'indique, la communion n'a lieu qu'à la fin du mariage. La participation se fait sur les biens acquis par l'autre, mais de manière **comptable**, et non par la constitution d'une copropriété. Après compensation, toute différence est un crédit de l'un sur l'autre, et il n'y a pas de droit à une part. Ainsi, le droit ne porte pas sur les biens de l'autre, mais sur le solde éventuel après compensation des ajouts de biens de l'autre (Dias, 2011, p. 243/244).

Par conséquent, le régime de la participation finale des époux implique des règles patrimoniales difficiles à appliquer et peu applicables en pratique, selon lesquelles on peut conclure que la société matrimoniale, constituée en vertu de ces lignes directrices, est très semblable à une société, avec des crédits et des dividendes, et qu'en cas de faillite, les actifs seront répartis de manière comptable.

SOUS-SECTION II.4 - LES DIFFERENTS REGIMES DE PROPRIETE - LE REGIME CONVENTIONNEL DE SEPARATION DES BIENS

Lors du mariage, les parties établissent des règles concernant le patrimoine du couple, fixant le traitement des biens de chacun après le mariage. Compte tenu de ces règles patrimoniales, le couple peut, par le biais d'un contrat de mariage, formuler des règles de séparation de biens.

Dans ce cas, nous avons ce que l'on appelle le régime conventionnel de la séparation de biens. Séparatif, parce qu'il dissocie les biens du couple, en les gardant privés. Conventionnel, parce qu'il s'agit d'une option révélée spontanément par les partenaires, selon laquelle ils décident eux-mêmes de ne pas fusionner leurs patrimoines.

Si les époux décident de séparer leurs biens, le régime conventionnel de séparation de biens s'appliquera au mariage. Le Code civil réglemente ce régime en deux articles (art. 1.687 et 1.688).

Selon le code civil brésilien (loi 10.406/2002), si le couple opte pour la séparation de biens, les biens de chacun seront sous leur administration exclusive, tandis que tous deux devront contribuer à parts égales aux dépenses du couple (sauf disposition contraire dans l'accord). Voici la formulation très claire de ces dispositions :

> Art. 1.687. Une fois la séparation des biens stipulée, ceux-ci restent sous l'administration exclusive de chaque époux, qui peut en disposer librement ou les grever d'une charge réelle.
>
> Art. 1.688. Les deux époux sont tenus de contribuer aux dépenses du couple en proportion des revenus de leur travail et de leurs biens, sauf stipulation contraire dans le contrat de mariage.

Les liens de Nery Jr. et de Nery sont opportuns :

> Dans le régime de la séparation de biens (conventionnelle), tel que prévu dans ce chapitre (CC 1687 et CC 1688), les époux stipulent librement dans un contrat (contrat de mariage - CC 1653 à CC 1657), avant la célébration du mariage (CC 1639), ce qui leur convient le mieux en ce qui concerne leurs biens. (...) ...chaque époux a une totale liberté dans l'administration de ses biens et peut accomplir, indépendamment du consentement de l'autre, même les actes qui ne sont pas permis aux époux dont le mariage a été célébré sous un autre régime (CC 1647). (Nery Jr. et Nery, 2011, p. 1.224).

En outre, l'interprétation des dispositions montre également que la liberté de propriété se traduit par une responsabilité individuelle pour les obligations assumées.

Révélant une proposition critique sur le sujet, Farias et Rosenvald soulignent avec justesse que :

> La séparation conventionnelle des biens est le régime patrimonial qui promeut une séparation absolue des patrimoines, empêchant le partage de tous les biens acquis par chacun des époux, avant ou après le mariage, que ce soit à titre onéreux ou à titre gratuit. (...) C'est sans doute le régime le plus simplifié de tous les régimes de biens, car il ne présente aucun point de partage, ce qui élimine les controverses naturelles d'une liquidation de biens communs. Dans le régime de séparation conventionnelle, il n'y a pas de biens communs, ce qui permet d'établir une véritable *séparation absolue des patrimoines*. (...) Le régime conventionnel de séparation est aujourd'hui utilisé par les couples qui ont déjà un patrimoine ou lorsque l'un d'eux exerce une profession qui comporte des risques financiers, ce qui permet au titulaire d'avoir une plus grande liberté d'action sur son patrimoine. Il faut en outre cesser d'être vu avec des yeux sceptiques (d'une culture qui ne correspond plus à la réalité), laissant entendre que l'adoption de la séparation de biens impliquerait moins d'affection et d'amour réciproque au sein du couple. En somme, il n'y a pas de dissociation spirituelle entre les époux dans le régime de la séparation de biens. Au contraire, son adoption semble incarner précisément un grand détachement et mettre en évidence le manque d'intérêt matériel du mariage. (...) En fait, en tentant de donner un sens et une cohérence à une conception affective de la famille, il nous semble que le régime de la séparation éloigne le mariage d'une conception patrimonialiste. Le mariage est un acte de communion affective et de solidarité, qui favorise l'intégration physiopsychique. Par conséquent, le système juridique devrait discipliner les familles sans attribuer de biens à l'autre, évitant ainsi les conséquences économiques. La division des biens et le partage des actifs doivent résulter uniquement d'un acte de volonté des parties concernées. C'est pourquoi le régime juridique complémentaire devrait être la séparation de biens, comme c'est le cas au Japon et dans la plupart des États américains. Étant donné que chaque époux disposera d'un patrimoine privé, sans aucune communion avec l'autre, il est naturel que l'administration et les fruits du patrimoine de chaque époux soient également privés, sans la participation directe ou indirecte de l'autre époux. Le propriétaire du bien pourra donc l'exploiter économiquement, indépendamment de la volonté de son conjoint. C'est d'ailleurs la raison pour

laquelle, dans le régime conventionnel de séparation, le consentement du conjoint n'est pas nécessaire pour aliéner ou grever des biens immobiliers, ainsi que pour fournir des garanties ou des sûretés, comme le montre le libellé de l'article 1.647(...). 1.647(...). En revanche, chaque époux est individuellement responsable de ses propres dettes et n'est pas tenu par les biens de l'autre. (...) En résumé, on peut donc établir comme caractéristiques fondamentales de la séparation de biens conventionnelle : i) l'administration privée des biens par chacun des époux ; ii) la libre disposition des biens ; iii) la responsabilité patrimoniale individuelle pour les dettes et les obligations assumées. Compte tenu de ces règles (d'administration privée des biens, de liberté de disposition des biens et de responsabilité individualisée), force est de constater que le régime de séparation conventionnelle réduit fortement le potentiel de conflits patrimoniaux futurs au sein du couple (Farias et Rosenvald, 2014, p. 357).

En ce qui concerne les effets patrimoniaux prévus par le régime de la séparation de biens conventionnelle après le décès de l'un des époux, il existe un débat intense dans le système juridique et devant les tribunaux quant au sort des biens du défunt marié sous le régime de la séparation de biens conventionnelle, lorsqu'il a laissé, en plus de son conjoint et de ses biens, un ou des descendant(s).

Cela est dû à la formulation confuse du point I de l'article 1.829 du code civil brésilien. Les propositions en débat sont absolument antagonistes, l'une supprimant le droit à l'héritage du conjoint survivant et l'autre défendant le contraire.

Toutefois, étant donné que c'est précisément l'objet de ce document, il sera traité plus en détail dans la section suivante.

On constate donc que le régime de la séparation conventionnelle des biens se caractérise par la facilité avec laquelle les époux peuvent gérer leur patrimoine, en disposant d'une indépendance et d'une liberté absolues pour traiter et décider des questions financières, même s'ils ont choisi de partager leur vie avec quelqu'un d'autre. En l'espèce, il s'avère qu'il n'y avait pas d'option de partage des biens excluant cet aspect de la vie quotidienne du couple, à l'exception, comme le rappelle à juste titre la loi, des aspects des biens destinés à la réalisation des dépenses communes du couple.

SOUS-SECTION II.5 - LES DIFFERENTS REGIMES DE PROPRIETE - LE REGIME DE SEPARATION FORCÉE

Le code civil brésilien (loi 10.406/2002) énumère les situations dans lesquelles le mariage est déconseillé. En outre, il prévoit une sanction en cas de non-respect, qui consiste à imposer le régime de la séparation de biens (obligatoire) aux futurs mariés récalcitrants.

Cette position de la loi sacrifie la volonté du couple et envahit la sphère de la liberté contractuelle des intéressés. L'article 1.641 du code civil stipule :

> Art. 1.641. La séparation de biens est obligatoire dans le mariage :
> I - des personnes qui contractent mariage sans respecter les motifs suspendant la célébration du mariage ;
> II - de la personne âgée de plus de 70 (soixante-dix) ans ;
> III - de tous ceux qui dépendent d'une autorisation judiciaire pour se marier.

Les causes suspensives, indiquées au point I de l'article 1.641, sont énoncées à l'article 1.523 de la même loi, comme suit :

> Art. 1.523. Ils ne doivent pas se marier :
> I - la veuve ou le veuf qui a un enfant du conjoint décédé, tant qu'il n'a pas fait l'inventaire des biens du couple et ne l'a pas distribué aux héritiers ;
> II - une veuve ou une femme dont le mariage est rompu pour cause de nullité ou d'annulation, jusqu'à dix mois après le décès de la veuve ou la dissolution de la communauté conjugale ;
> III - la personne divorcée, tant que le partage des biens du couple n'a pas été entériné ou décidé ;
> IV - le tuteur ou le curateur et leurs descendants, ascendants, frères et sœurs, beaux-frères ou neveux, avec la personne en tutelle ou en curatelle, tant que la tutelle ou la curatelle n'a pas pris fin et que les comptes respectifs n'ont pas été réglés.

Ainsi, dans ces situations, les règles énoncées aux articles 1.687 et 1.688 du Code civil s'appliquent. Dans ces situations, l'application du régime de la séparation de biens est une exigence légale et constitue donc le régime obligatoire de la séparation de biens.

Pour Dias :

> Le choix du régime patrimonial, effectué au moment du mariage, régit la situation patrimoniale du couple pendant le mariage, mais revêt une plus grande importance au moment de sa dissolution. Le couple peut adopter l'un des régimes patrimoniaux prévus par la loi ou créer son propre régime.
>
> S'ils gardent le silence, c'est-à-dire s'ils ne signent pas de contrat de mariage, le régime de la communauté partielle s'applique. Il existe cependant des cas où la volonté du couple n'est pas respectée. La loi impose le régime de séparation obligatoire (CC 1.641) : I - lorsque le mariage a lieu contre la recommandation du législateur de ne pas se marier (CC 1.523) ; II - aux personnes âgées de plus de 70 ans ; et III - à tous ceux qui dépendent d'un consentement judiciaire pour se marier. Il s'agit simplement d'une tentative de limiter les souhaits du couple au moyen d'une menace réelle. C'est le moyen que le législateur a trouvé pour manifester son mécontentement face à l'entêtement de ceux qui désobéissent aux conseils juridiques et s'obstinent à réaliser leur rêve de mariage et à imposer des sanctions patrimoniales (Dias, 2011, p. 247/248).

Assouplissant les règles de la séparation de biens obligatoire (légale), le Tribunal fédéral a publié la summa 377, qui se lit comme suit : "SOUS LE RÉGIME DE LA SÉPARATION DE BIENS LÉGALE, LES BIENS ACQUIS PENDANT LE MARIAGE SONT COMMUNIQUÉS".

La formulation du résumé permet de conclure à un véritable changement du régime patrimonial imposé par la séparation de biens obligatoire (légale). En réalité, nous constatons que la séparation obligatoire a été transformée en une véritable communion partielle déguisée, puisqu'il est désormais concevable que la propriété des biens acquis à titre onéreux pendant la cohabitation soit communiquée, comme c'est le cas dans le régime de la communion partielle.

Selon M. Dias :

> La restriction de l'**autonomie testamentaire**, ne permettant même pas le partage des biens acquis pendant la vie commune, a conduit le STF à émettre la Summula 377. Son libellé est donc justifié : l'interprétation exacte de la sommule est que, sous le régime de la séparation de corps, les biens sont communiqués du seul fait qu'ils ont été acquis pendant le mariage, qu'ils résultent ou non d'un partage des efforts. La jurisprudence, considérant que la cohabitation entraîne la **présomption d'efforts communs** dans l'acquisition des biens, a modifié la disposition légale qui

imposait le régime de séparation obligatoire. Elle a déterminé l'adoption du régime de la **communion partielle afin** d'éviter le gain illicite de l'un des partenaires au détriment de l'autre. Le contenu éthique de la décision est clair, puisqu'il garantit l'héritage des biens constitués pendant le mariage, rendant impossible tout enrichissement injustifié (Dias, 2011, p. 250/251).

En ce qui concerne les aspects patrimoniaux après le décès de l'un des conjoints, le point I de l'article 1.829 du code civil brésilien retire au conjoint survivant, marié sous le régime de la séparation de biens obligatoire, sa qualité d'héritier, lorsqu'il est en concurrence avec le(s) descendant(s) du défunt, n'étant que métayer des biens acquis à titre onéreux pendant la durée de l'union en raison de l'application de la summula 377 du STF.

Il ressort donc de tout ce qui a été dit que le régime de la séparation obligatoire des biens maintient la division des biens entre propriété commune et propriété privée, le consort communiquant avec la première et non avec la seconde.

SECTION III - L'INTERPRETATION CONTROVERSEE DU POINT I DE L'ARTICLE 1.829 DU CODE CIVIL BRÉSILIEN

En établissant des règles sur la concurrence successorale, le code civil brésilien a créé une incertitude juridique extrême, provoquant un débat doctrinal et jurisprudentiel intense en raison de la formulation du point I de l'article 1.829. Il s'agit de la formulation suivante :

> Art. 1.829. La succession légitime est accordée dans l'ordre suivant : I - aux descendants, en concours avec le conjoint survivant, sauf si ce dernier était marié au défunt sous le régime de la communauté universelle, ou sous le régime de la séparation de biens obligatoire (art. 1.640, alinéa unique) ; ou si, sous le régime de la communauté partielle, l'auteur de l'héritage n'a pas laissé de biens propres ;

L'interprétation littérale de la disposition établit qu'il n'y aura concours successoral entre le conjoint et le descendant du défunt que lorsque ce dernier a été marié sous le régime de la communauté partielle et a laissé des biens privés, ou lorsque le mariage a été célébré sous le régime conventionnel de la séparation de biens.

Cette interprétation n'est cependant pas unanimement acceptée par la communauté juridique, comme nous l'avons vu plus haut. D'aucuns affirment, à juste titre et avec de nombreux appuis théoriques, que la séparation de biens implique toujours l'exclusion du conjoint survivant de la concurrence, que la séparation de biens résulte de la volonté des parties (conventionnelle) ou d'une imposition légale (obligatoire ou légale).

On a même discuté, et dans le même débat, de la succession du conjoint marié sous le régime de la communauté partielle de biens, en ce qui concerne les biens privés. Bien qu'il soit clair que la loi (article 1.829, point I) donne au conjoint survivant le droit de concourir pour les biens privés, à l'exception du texte légal concernant la non-concurrence pour la succession, la Cour supérieure de justice, en sens inverse, dans l'arrêt REsp 992.749/MS, a déclaré ce qui suit :

> (...) Le régime de la communauté partielle de biens est préservé, conformément au postulat de l'autodétermination, en accordant au conjoint survivant le droit à une demi-part, en plus de la concurrence héréditaire sur les biens communs, même s'il existe des biens privés qui, en tout état de cause, sont partagés uniquement entre les descendants.(...) (REsp 992.749/MS, Rel. Minister NANCY ANDRIGHI, THIRD COURT, jugée le 01/12/2009, DJe 05/02/2010)

Dans le même ordre d'idées, la Cour supérieure de justice s'est à nouveau prononcée sur la question en affirmant catégoriquement que le conjoint marié sous le régime de la communauté partielle n'est pas un héritier de l'époux décédé en concurrence avec les descendants en ce qui concerne les biens privés. L'affaire est la suivante :

> DROIT CIVIL. RECOURS SPÉCIAL. INVENTAIRE. CONJOINT SUPERSTITIEUX MARIÉ AU DÉFUNT SOUS LE RÉGIME DE LA COMMUNAUTÉ PARTIELLE DE BIENS. HÉRITAGE COMPOSÉ DE BIENS PROPRES ET DE BIENS COMMUNS. HÉRITIER NÉCESSAIRE. CONCOURS AVEC LES DESCENDANTS. ARTS. ANALYSÉ : 1.658, 1.659, 1.661, ET 1.829, I, DU CC/02. 1. (...). 2. La controverse porte sur la question de savoir si l'époux superstitieux, marié au défunt sous le régime de la communauté partielle de biens, est en concurrence avec ses descendants dans le partage des biens privés.3. Sous le régime de la communauté partielle, les biens exclusifs d'un époux ne sont pas partagés avec l'autre lors du divorce et, pour la même raison, ne doivent pas être partagés après son décès, sous peine d'enfreindre ce qui a été convenu entre les époux au moment où ils ont décidé de s'unir par le mariage. S'ils souhaitent partager tous leurs biens dès le mariage, ils doivent le faire dans un contrat de mariage. (4) Le fait que le conjoint n'entre pas en concurrence avec les descendants dans le partage du patrimoine privé du défunt n'exclut pas la possibilité pour l'un ou l'autre des conjoints, de son vivant, de disposer de ce patrimoine par testament, à condition que la légitimité soit respectée, en le réservant en tout ou en partie au survivant, afin de le protéger en cas de décès de ce dernier. (5) Si l'esprit des modifications apportées au CC/02 était d'éviter qu'un époux ne se retrouve sans ressources au décès de l'autre, ce litige ne peut être résolu simplement en lui attribuant une part dans le partage des biens privés, s'il y en a, parce qu'ils peuvent être insignifiants par rapport aux biens communs qui ont existé et ont été accumulés tout au long de la vie maritale. (6) Il est plus juste et plus conforme à la préoccupation du législateur de permettre au survivant d'hériter, en concurrence avec les descendants, de la partie du patrimoine qu'il a lui-même constituée avec le défunt, sans aucune part des autres biens que, dans l'exercice de l'autonomie de la volonté, il a choisi - soit parce qu'il n'avait pas choisi un régime autre que le régime légal, soit en raison de la conclusion du contrat de mariage - de maintenir incommunicables, en les excluant expressément de la communauté. 7. recours spécial connu en partie et partiellement accordé. (REsp 1377084/MG, Rel. Ministre NANCY ANDRIGHI, TROISIEME COUR, jugé le 08/10/2013, DJe 15/10/2013)

À cet égard (concours du conjoint concernant les biens privés dans le régime de la communauté partielle de biens), la Cour supérieure de justice a récemment dépassé cette compréhension, consolidant l'application qui protège le mieux le texte juridique, en donnant au conjoint survivant le droit de concourir à l'héritage avec les descendants du défunt, concernant les biens privés, par le biais du REsp n ° 1368123/SP, selon les nouvelles publiées sur le site Web de la Cour supérieure de justice le 26/05/2015[I] .

Suivre la publication :

Segao uniformise la compréhension de la succession sous le régime de la communauté partielle de biens. Le conjoint survivant, marié sous le régime de la communauté partielle de biens, concourt avec les descendants dans la succession du défunt uniquement en ce qui concerne les biens privés laissés par le défunt, s'il y en a. C'est ce qu'a estimé la deuxième chambre du Tribunal supérieur de justice (STJ) dans un pourvoi portant sur l'interprétation de la dernière partie du point I de l'**article 1.829 du** Code civil (CC) de 2002. La décision confirme la déclaration 270 de la IIIe Conférence de droit civil, organisée par le Conseil fédéral de la justice (CJF), et pacifie l'entente entre les troisième et quatrième chambres, qui jugent des questions de cette nature. L'arrêt précise que "l'article 1.829, I, du CC/02 ne garantit au conjoint survivant le droit de concourir avec les descendants de l'auteur de l'héritage que s'ils étaient mariés sous le régime conventionnel de la séparation de biens ou, s'ils étaient mariés sous le régime de la communion partielle ou de la participation définitive à la succession, si le défunt avait des biens propres, auquel cas le concours est limité à ces biens, et le bien commun (part) doit être partagé exclusivement entre les descendants". Selon le juge Raul Araujo, responsable de la rédaction de l'accord, le CC/02 a modifié l'ordre de la vocation héréditaire, en incluant le conjoint comme héritier nécessaire, concourant à égalité avec les descendants du défunt. Bien que cette prérogative existe, la meilleure interprétation de la dernière partie de cet article, selon le ministre, en ce qui concerne le régime de la communauté partielle de biens, ne peut aboutir à une situation décalée par rapport à celle qu'aurait le même conjoint survivant en l'absence des biens propres du défunt. L'article 1.829, I, du code civil, qui fait l'**objet d'une controverse**, stipule que la succession légitime est accordée dans l'ordre où les descendants concourent avec le conjoint survivant, sauf s'ils étaient mariés avec le défunt sous le régime de la communauté universelle, ou sous le régime de la séparation de biens obligatoire (**article 1.640**, alinéa unique), ou si, sous le régime de la communauté partielle, l'auteur de l'héritage n'a pas laissé de biens propres. La question qui a suscité un désaccord entre les juges a été l'interprétation de la dernière partie de cet article, qui identifie les biens pour lesquels le conjoint survivant, en tant qu'héritier nécessaire, sera en concurrence avec les descendants, lorsque le régime de la communauté partielle de biens est adopté. La controverse portait sur la question de savoir si la concurrence s'appliquerait à l'ensemble des biens laissés par le défunt, connus sous le nom d'héritage, ou seulement à ceux acquis à titre onéreux pendant le mariage, à l'exclusion de la part du conjoint survivant, comme c'est le cas dans la succession du partenaire (**article**

[I] Source : http://www.stj.jus.br/sites/STJ/default/pt_BR/noticias/noticias/Se%C3%A7%C3%A3o-normalise-la-compréhension-du-succès%C3%A3o-en-regime-de-communh%C3%A3o-biens-partiels

1.790), ou seulement aux biens acquis avant le mariage, que la loi qualifie de privés. **La propriété privée :** Le rapporteur initial de l'appel devant le STJ, le juge Sidnei Beneti (aujourd'hui à la retraite), a présenté la thèse qui a remporté l'affaire devant la deuxième chambre. Il a estimé que la concurrence ne s'applique qu'aux biens privés, c'est-à-dire ceux qui faisaient déjà partie du patrimoine exclusif de l'époux au moment du mariage. La juge Nancy Andrighi n'est pas de cet avis. Selon elle, le conjoint survivant, outre son droit à une part, ne concourt à l'héritage qu'en ce qui concerne les biens communs, qu'il y ait ou non des biens propres, qui doivent être partagés uniquement entre les descendants. Dans l'affaire analysée, le demandeur a entamé une relation stable en 1981. En 1988, il s'est marié sous le régime de la communauté partielle de biens, alors que son épouse était déjà propriétaire d'un terrain. Au cours des 12 années qui ont suivi le mariage, un immeuble résidentiel a été construit sur le terrain avec les fonds du plaignant, pour un montant de 78,6 milliers de R$. La femme est décédée en 2008 et le veuf a intenté une action en justice pour être reconnu comme le propriétaire de la propriété, en tout ou en partie. Les enfants de la défunte ont fait valoir que le bien n'était pas communicable à son conjoint, car il s'agissait d'un bien acquis avant le mariage. La Cour de justice de São Paulo s'est ralliée à l'argument des enfants, mais la deuxième section du STJ a fait droit à l'appel du veuf, âgé de plus de 80 ans, en reconnaissant son droit à l'héritage et à participer en tant qu'héritier nécessaire à la propriété privée.

En ce qui concerne la succession concurrente d'époux mariés sous le régime conventionnel de la séparation de biens, le débat reste intense, ce qui a conduit à l'apparition de votes négatifs dans les jugements sur la question.

Comme nous l'avons déjà indiqué, il existe de bonnes raisons de retirer au conjoint survivant marié sous le régime conventionnel de la séparation de biens son statut d'héritier, lorsqu'il est en concurrence avec un ou plusieurs descendants. D'autre part, la position opposée présente également des arguments de qualité équivalente.

Comme il s'agit là du cœur du problème, les sections suivantes aborderont l'objet du désaccord, ainsi que les motifs qui soutiennent chaque position.

SOUS-SECTION III.1 - LA NON-CONCURRENCE DE LA SUCCESSION DU CONJOINT SURVIVANT MARIÉ SOUS LE RÉGIME DE LA SÉPARATION DE BIENS CONVENTIONNELLE

Selon cette tendance, le conjoint marié sous le régime conventionnel de la séparation de biens n'a pas le droit d'hériter, lorsqu'il est en concurrence avec des descendants, des biens laissés par le défunt.

Cette position est défendue au motif que la volonté de la personne qui a choisi de ne pas fusionner ses actifs de son vivant devrait prévaloir, en interprétant le point I de l'article 1.829 en conjonction directe avec l'article 1.687, tous deux du code civil brésilien. Ouvrant le débat, M. Reale fait valoir que :

> Dans un code, les articles s'interprètent les uns par les autres, ce qui est la première règle de l'herméneutique juridique énoncée par le jurisconsulte Jean Portalis, l'un des principaux auteurs du Code Napoléon. Ce principe m'a été rappelé lorsque des doutes sont apparus quant au sens véritable du point I de l'article 1.829 du nouveau code civil, selon lequel la succession légitime revient, en première ligne, aux "descendants, en concours avec le conjoint survivant, à moins que celui-ci n'ait été marié avec le défunt sous le régime de la communion universelle des biens ou de la séparation de biens obligatoire (article 1.640, alinéa unique) ; ou si, sous le régime de la communion partielle, l'auteur de la succession n'a pas laissé de biens propres". D'aucuns estiment que, de cette manière, le conjoint serait également héritier nécessaire en cas de mariage sous le régime de la séparation de biens (art. 1.687), ce qui ne me semble pas acceptable. Ce doute provient du fait que l'art. 1.829, ci-dessus, n'exclut le conjoint qu'en cas de "séparation forcée". L'interprétation isolée de cette disposition peut conduire à une conclusion erronée, mais l'interprète doit la replacer dans le contexte systématique des règles pertinentes pour la question examinée. (...)Dans cet ordre d'idées, il existe deux hypothèses de séparation obligatoire : l'une est celle prévue par l'alinéa unique de l'art. 1.641, couvrant divers cas ; l'autre résulte de la stipulation faite par les époux, avant le mariage, d'opter pour la séparation de biens. La séparation obligatoire des biens est une conséquence nécessaire du pacte conclu par les époux, et l'expression "séparation obligatoire" ne s'applique pas seulement aux cas énumérés à l'alinéa unique de l'art. 1641. Cette conclusion est d'autant plus importante que - si le conjoint marié sous le régime de la séparation de biens devait être considéré comme l'héritier nécessaire de l'auteur de la succession - on violerait substantiellement les dispositions de l'art. 1687, sans lesquelles tout le régime de la séparation de biens disparaîtrait, en raison d'un conflit inadmissible entre cet article et l'art. 1829, inc. I, ce qui ne peut jamais se produire dans une codification où le principe de l'unité systématique est inhérent. Entre une interprétation qui vide l'art. 1687 au moment crucial du décès de l'un des époux et une autre qui interprète de manière complémentaire les deux articles précités, on ne peut que privilégier la seconde solution, qui, de surcroît, est conforme à l'interprétation systématique, essentielle à l'exégèse juridique...). Si le conjoint marié sous le régime de la séparation de biens devait être considéré comme un héritier nécessaire de l'auteur de la succession, on violerait substantiellement les dispositions de l'art. 1.687, sans lesquelles tout le régime de séparation de biens disparaîtrait, en raison du conflit inadmissible entre cet article et l'art. 1.829, I, un fait qui ne peut jamais se produire dans une codification à laquelle le principe d'unité systématique est inhérent. Entre une interprétation qui vide l'art. 1.687 au moment crucial du décès de l'un des époux et une autre qui interprète de manière complémentaire les deux articles

précités, on ne peut que donner la préférence à la seconde solution, qui, en outre, respecte l'interprétation systématique, essentielle à l'exégèse juridique. Si toutefois, malgré les arguments que j'ai développés ici, un doute subsiste sur le point I de l'article 1.829, le remède consiste à le modifier en supprimant l'adjectif "obligatoire". Avec cette suppression, le conjoint survivant n'aurait pas la qualité d'héritier, "s'il est marié au défunt sous le régime de la communion universelle ou de la séparation de biens". (Reale, 2003, p. 61/63)

Dans le même ordre d'idées, Dias affirme que :

...lorsque le couple a signé le contrat de mariage, en choisissant le régime de la séparation de biens, c'est parce qu'il voulait éviter tout effet patrimonial du mariage. Ne pas respecter la manifestation expresse de ceux qui ont la maîtrise de leurs biens viole le principe du respect de l'autonomie de la volonté (Dias, 2011, p. 166/167).

Araujo et Medina affirment également que le conjoint marié sous le régime conventionnel de la séparation de biens ne peut pas concourir à la succession :

Il ne serait pas juste d'établir le conjoint comme héritier dans le régime de la séparation conventionnelle absolue ; après tout, le couple a préalablement et d'un commun accord déterminé la séparation des biens. Dans le régime de la séparation absolue des patrimoines, tout ce qui vient avant et tout ce qui vient après le mariage n'est pas communiqué. Permettre la concurrence dans l'héritage reviendrait à contourner la volonté du couple et le libre choix effectué dans le cadre de l'ordre juridique (art. 1.687 du Code civil). (Araujo et Medina, 2013, p. 1.090).

Dans le même ordre d'idées, Farias et Rosenvald s'expriment ainsi :

(...) même lorsque les mariés choisissent expressément la séparation de biens absolue, le législateur accorde au conjoint un droit de propriété, en lui garantissant une part dans la succession du défunt. Et il ne serait même pas possible de renoncer par avance à un droit futur à l'héritage, puisque l'article 426 du Code civil interdit à une clause contractuelle de prévoir l'héritage d'une personne encore en vie, en la rendant nulle. C'est ce qu'on appelle l'*interdiction du pacte successoral* ou l'*interdiction de la pacta corvina*. L'atteinte à l'autonomie privée dans ce cas est évidente. Si les époux (qui ont librement choisi le régime de la séparation absolue des biens) entendent se laisser mutuellement un héritage, la voie à suivre est de rédiger un testament. Ce qui n'est pas tolérable, c'est que la loi attribue l'héritage, au mépris de l'accord (spontané et réciproque) entre les parties. C'est pour cette raison que la Cour supérieure de justice a établi un accord dans lequel elle refuse les droits de succession aux personnes mariées sous un régime de séparation conventionnelle, en respectant l'autonomie privée et la déclaration faite volontairement par les deux parties lors du choix du régime de propriété dans le contrat prénuptial (Farias et Rosenvald, 2014, p. 364).

Comme on peut le constater, Farias et Rosenvald signalent l'existence d'un arrêt de la Cour supérieure de justice en la matière. Il s'agit du REsp 992.749/MS précité, identifié par les auteurs dans une note de bas de page. Consultez cet arrêt :

Droit civil. Famille et succession. Appel spécial. Inventaire et partage. Conjoint survivant marié sous le régime conventionnel de la séparation de biens, conclu au moyen d'un contrat de mariage par acte authentique. Interprétation de l'art. 1.829, I, du CC/02. Droit de concours héréditaire avec les descendants du défunt. N'existe pas. - Analyse de l'art. 1.829, I, du CC/02 doit être analysée dans le contexte de l'ordre juridique, en interprétant la disposition en harmonie avec les autres qui traitent du sujet, dans le respect attentif des principes et des orientations théoriques qui la façonnent, en particulier la dignité de la personne humaine, qui s'étend, au niveau de la libre expression de la volonté humaine, à travers l'autonomie de la volonté, l'autonomie privée et l'auto-responsabilité qui en découle, ainsi que la confiance ultime, d'où découle la bonne foi ; enfin, l'éthique complète les principes qui doivent dessiner les contours de la norme juridique. - Jusqu'à l'adoption de la loi n° 6.515/77 (loi sur le divorce), le régime juridique des biens en droit brésilien était le régime de la communauté universelle, dans lequel le conjoint survivant ne concourait pas à l'héritage, puisqu'il avait déjà une part de tous les biens du couple ; depuis l'entrée en vigueur de la loi sur le divorce, toutefois, le régime juridique des biens dans le mariage est le régime de la communauté partielle, qui a été entériné par l'article 1.640 du CC/02. 1.640 du CC/02. - Le régime de la communauté partielle de biens est préservé, conformément au postulat de l'autodétermination, en donnant au conjoint survivant le droit à une part de la succession, en plus de la concurrence héréditaire sur les biens communs, même s'il existe des biens privés qui, en tout état de cause, sont partagés uniquement entre les descendants. - Le régime de la séparation forcée des biens, prévu à l'art. 1.829, inc. I, du CC/02, est un genre qui regroupe deux types : (i) la séparation légale ; (ii) la séparation conventionnelle. L'une découle de la loi et l'autre de la volonté des parties, et toutes deux obligent les époux, une fois le régime de séparation de biens stipulé, à s'y conformer. - Le conjoint marié en séparation de biens n'a pas de droit à l'héritage, ni de droit à concourir à la succession, à condition de respecter le régime des biens stipulé, qui lie les parties dans la vie et dans la mort. Dans les deux cas, le conjoint survivant n'est donc pas un héritier nécessaire. - Une interprétation différente donnerait lieu à une antinomie évidente entre les articles 1.829, inc. I, et 1.687, du CC/02, ce qui romprait l'unité systématique du droit codifié et ferait mourir le régime de la séparation de biens. Pour cette raison, l'interprétation qui combine et complète les dispositions susmentionnées doit prévaloir. - Dans le cas analysé ici, la situation de fait vécue par le couple - et il est déclaré qu'elle ne peut être réexaminée dans le cadre de ce recours - est la suivante : (i) il n'y a pas eu de longue cohabitation, mais un mariage qui a duré des mois, plus précisément 10 mois ; (ii) au moment de ce second mariage, l'auteur de l'héritage avait déjà constitué tout son patrimoine et souffrait d'une maladie invalidante ; (iii) le couple a volontairement choisi de se marier sous le régime de la séparation conventionnelle, en optant, par le biais d'un contrat de mariage établi dans un acte public, pour l'incommunicabilité de tous les biens acquis avant et après le mariage, y compris les fruits et les revenus. - La grande liberté découlant de la possibilité de convenir du régime matrimonial, prévue par le droit patrimonial de la famille, ne peut être occultée par l'imposition flegmatique du droit des successions, car le phénomène successoral "traduit la continuation de la personnalité du défunt à travers la projection juridique des dispositions patrimoniales prises de son vivant". - Il s'agit donc d'un acte de liberté exercé en commun, auquel le phénomène successoral ne peut apporter aucune limite. Si le couple a signé une convention de non-partage des biens et, s'il n'a pas demandé de modification du régime patrimonial prévu, s'il n'y a pas eu de donation d'un époux à l'autre pendant le mariage, ni de testament ou de legs au conjoint survivant, alors que chacune de ces mesures aurait été libre et gratuite, l'interprète de la loi ne devrait pas élever le conjoint survivant au rang d'héritier nécessaire, en concurrence avec les descendants, sous peine d'une violation évidente du régime patrimonial convenu. - Dans de telles situations, il y aurait indubitablement une altération post-mortem du régime matrimonial, c'est-à-dire qu'avec la fin du mariage due au décès de l'un des époux, le régime conventionnel de séparation des biens convenu pendant la vie serait altéré, permettant au conjoint survivant de recevoir des biens appartenant exclusivement à l'auteur de la succession, biens qu'il a refusés, au moment du contrat de mariage, de son plein gré. - Enfin, la bonne foi objective doit être invoquée, en tant qu'exigence de loyauté et d'honnêteté dans la conduite des parties, en ce sens que le conjoint survivant, après avoir librement et légalement exprimé sa volonté, ne peut s'y soustraire et, par conséquent, se prévaloir d'un droit auquel il a solennellement renoncé, en stipulant, dans le processus de qualification au mariage, avec l'auteur de la succession, le régime de la séparation conventionnelle des biens, dans un contrat de mariage par acte public. - Le principe d'exclusivité, qui régit la vie du couple et interdit l'ingérence de tiers ou de l'État lui-même dans les oppositions légalement faites sur les aspects patrimoniaux et déséquilibrés de la vie familiale, renforce la seule interprétation viable de l'art. 1.829, inc. I, du CC/02, en accord avec l'art. 1.687 du même code, qui garantit les effets pratiques du régime patrimonial légalement choisi, ainsi que la préservation de l'autonomie privée guidée par l'éthique. (REsp 992.749/MS, Rel. Ministre NANCY ANDRIGHI, TROISIEME COUR, jugée le 01/12/2009, DJe 05/02/2010)

Dans le même sens, voir une autre jurisprudence, également de la Cour supérieure de justice :

DROIT DES SUCCESSIONS. RECOURS SPÉCIAL. CONTRAT DE MARIAGE. SÉPARATION DES BIENS. DÉCÈS DU MARI. NOUVEAU CODE CIVIL EN VIGUEUR.
ACTE JURIDIQUE PARFAIT. CONJOINT SURVIVANT. HÉRITIER NÉCESSAIRE. INTERPRÉTATION SYSTÉMATIQUE. 1) (...) 2) En revanche, même si l'on écarte la discussion sur le droit intertemporel et que l'on soumet la question à la réglementation du nouveau Code civil, la volonté du testateur prévaut. En effet, l'interprétation systématique du Codex autorise à conclure que le conjoint survivant, en cas de séparation conventionnelle des biens, ne peut être admis comme héritier nécessaire. 3. recours connu et confirmé. (REsp 1111095/RJ, Rel. Ministre CARLOS FERNANDO MATHIAS (CONVOCATED FEDERAL JUDGE OF TRF 1ª REGIAO), Rel. p/ Acordao Ministre FERNANDO GONQALVES, QUARTA TURMA, jugé le 01/10/2009, DJe 11/02/2010)

À la suite de la position adoptée par la Cour supérieure de justice, comme le montrent les arrêts ci-dessus, les cours de justice locales ont commencé à adopter la même compréhension, ce qui explique que plusieurs autres affaires présentant des situations similaires aient reçu la même solution. À titre d'exemple, voici quelques jugements rendus par différentes cours d'État :

RECOURS INTERLOCUTOIRE. ACTION EN INVENTAIRE. ARTICLE 1829, I, DU CODE CIVIL. CONJOINT SURVIVANT MARIÉ SOUS LE RÉGIME CONVENTIONNEL DE LA SÉPARATION DE BIENS. PATRIMOINE PRIVÉ. ABSENCE DE DROITS DE SUCCESSION. 1 - La règle de l'article 1.829, I du Code civil de 02 doit être interprétée à la lumière des principes d'éthique, de bonne foi et d'opérabilité. Si, par conséquent, l'autonomie de la volonté prévaut dans l'établissement du régime matrimonial pendant la vie, elle doit également être maintenue post mortem. 2 - Selon la jurisprudence de la Cour Supérieure de Justice, le conjoint marié sous le régime de la séparation de biens obligatoire (genre dont les régimes de séparation légale et conventionnelle sont des espèces) n'a pas de droits de succession sur les biens du défunt, sous peine d'antinomie entre les articles 1.829, I, et 1.687, tous deux du Code Civil. (TJGO, AGRAVO DE INSTRUMENTO 219665-75.2012.8.09.0000, Rel. DES. FAUSTO MOREIRA DINIZ, 6A CAMARA CIVEL, jugé le 2 octobre 2012, DJe 1164 du 11 octobre 2012)

RECOURS INTERLOCUTOIRE. SUCCESSIONS. ÉPOUX SUPERSTITIEUX MARIÉ SOUS LE RÉGIME CONVENTIONNEL DE LA SÉPARATION DE BIENS. PAS DE DROIT À CONCURRENCER LES DESCENDANTS DANS LA SUCCESSION LÉGITIME. INTELLIGENCE DE L'ART. 1.829, INC. I, DU CODE CIVIL. L'analyse systématique des dispositions du Nouveau Code civil montre que le conjoint superstitieux marié sous le régime conventionnel de la séparation de biens n'a pas le droit de concourir avec les descendants dans la succession légitime, sur la base de l'art. 1.829, point I, du Code civil. Précédent du STJ (REsp 992.749/MS), basé sur l'avis de Miguel Reale. REJET. (Pourvoi interlocutoire n° 70054712559, huitième chambre civile, Cour de justice du RS, rapporteur : Luiz Felipe Brasil Santos, jugé le 29/08/2013)

DROIT CIVIL. SUCCESSION. RECOURS CIVIL. ORDONNANCE DU TRIBUNAL. DEMANDE DE L'ÉPOUX SUPERSTITIEUX DE RECEVOIR LES SOMMES LAISSÉES PAR LE *DÉFUNT*, RELATIVES AU REMBOURSEMENT DES PASEP ET DE L'IMPÔT SUR LE REVENU POUR L'ANNÉE CIVILE 2008. EXISTENCE D'UNE DÉCISION ENTÉRINANT LA QUALIFICATION DES DESCENDANTS POUR CONCOURIR DE MANIÈRE ÉGALE À L'HÉRITAGE. JUGEMENT FAISANT DROIT À LA DEMANDE DE L'ÉPOUSE SURVIVANTE AU MOTIF QU'ELLE ÉTAIT À LA CHARGE DU DÉFUNT. REJET DE LA DEMANDE DES AUTRES DEMANDEURS/HÉRITIERS. LE MAGISTRAT EST EMPÊCHÉ D'AGIR EN CONTRADICTION AVEC SA PROPRE DÉCISION. APPARITION DE LA FORCLUSION *PRO IUDICATO*. DROIT DES DESCENDANTS À RECEVOIR LES SOMMES DÉPOSÉES SUR UN COMPTE JUDICIAIRE AU NOM DU DÉFUNT. MARIAGE RÉALISÉ SOUS LE RÉGIME DE LA SÉPARATION DE BIENS. LE DEMANDEUR N'A PAS LA QUALITÉ D'HÉRITIER NÉCESSAIRE. COMPRÉHENSION DE L'ART. 1829, I, DU DROIT CIVIL. JURISPRUDENCE STJ. CONDAMNATION RÉFORMÉE. APPEL SUPPRIMÉ. (Pourvoi civil n° 2013.009417-9, troisième chambre civile, RN Cour de justice, rapporteur : Claudio Santos, jugé le 1er octobre 2013)

DROIT SUCCESSORAL. CONTRAT DE MARIAGE. SÉPARATION CONVENTIONNELLE DES BIENS. DÉCÈS DU MARI. LE CONJOINT SURVIVANT N'EST PAS UN HÉRITIER NÉCESSAIRE. INTERPRÉTATION SYSTÉMATIQUE. L'interprétation systématique des dispositions des articles 1.639, 1.687 et 1.829, point I, tous du Code civil, autorise à conclure que le conjoint survivant, en cas de séparation conventionnelle des biens, n'est pas admis comme héritier nécessaire - STJ REsp n. 1.111.095/RJ.(Recours interlocutoire. TJDF. Acordao n.776548, 20140020028778AGI, Rapporteur : ESDRAS NEVES, 6ª Turma Civel, Date du jugement : 02/04/2014, Publié au DJE : 08/04/2014. Page : 216)

> INVENTAIRE - Séparation conventionnelle de biens - Qualification voulue de la veuve comme héritière nécessaire - Contenu de l'art. 1.829, I, du Code civil qui, bien que se référant à la séparation de biens obligatoire, s'étend également à ceux qui se sont mariés sous le régime de la séparation conventionnelle - Interprétation extensive qui prend en compte la volonté au moment de la célébration qu'aucun patrimoine commun ne soit constitué - Possibilité toutefois pour le conjoint survivant d'hériter s'il n'y a pas d'ascendants ou de descendants du défunt, conformément à l'art. 1.838 du Code civil, mais il n'y a pas d'information à ce sujet dans le dossier - Décision confirmée - Appel rejeté. (TJSP. Rapporteur : Mendes Pereira ; District : Sao Paulo ; Organe de jugement : 7e chambre de droit privé ; Date du jugement : 05/11/2014 ; Date d'enregistrement : 05/11/2014)

Il est désormais admis dans diverses régions de notre pays que, malgré la formulation du texte légal exprimé au point I de l'article 1.829 du CCB, le conjoint marié sous le régime conventionnel de la séparation de biens n'est pas l'héritier du défunt consort s'il entre en concurrence avec les descendants du défunt.

L'argument avancé, à travers ce qui a été décidé, est plausible et repris par des civilistes de renom, comme le montre le cadre théorique exposé ci-dessus.

Les précédents du STJ, qui ont traité la question au niveau national, montrent clairement que d'autres valeurs ont été prises en compte, au-delà du contenu littéral du texte juridique, en particulier si l'on considère que le texte explicite du code a été relativisé.

Et cette tendance a fini par conceptualiser le régime de la séparation de biens obligatoire comme un genre composé de deux types : la séparation légale et la séparation conventionnelle, justifiant ainsi qu'il n'y a pas d'interprétation contre le texte exprès de la loi, mais seulement une adéquation du dispositif avec l'ensemble normatif, par le biais d'une conjugaison systématique.

Par ailleurs, dans l'idéal de valorisation de l'autonomie de la volonté, il est possible de comprendre une défense de la morale, sous l'idée que ceux qui optent pour la séparation des patrimoines de leur vivant ne peuvent voir leur volonté violée après leur mort.

En ce sens, la juge Nancy Andrighi a statué dans son avis dans l'affaire REsp 992.749/MS : "Le conjoint marié en séparation de biens n'a aucun droit à l'héritage, ni à la succession, dans le respect du régime patrimonial stipulé, qui lie les parties dans la vie et dans la mort".

Par conséquent, les règles extraites du texte légal du point I de l'article 1.829 du code civil brésilien, selon ce courant, étaient à l'effet que l'époux marié sous le régime de la séparation conventionnelle des biens n'est pas l'héritier de son conjoint, en cas de concurrence avec les descendants, en raison de la manifestation de la volonté exprimée par les deux, par le biais du pacte prénuptial, au moment de la célébration du mariage.

SOUS-SECTION III.2 - LA SUCCESSION DU CONJOINT SURVIVANT MARIÉ SOUS LE RÉGIME DE LA SÉPARATION DE BIENS CONVENTIONNELLE

Dans un sens diamétralement opposé, ce courant soutient que l'interprétation du point I de l'article 1.829 du Code civil va dans le sens de ne pas exclure la qualité d'héritier du conjoint marié sous le régime de la séparation de biens conventionnelle, lorsqu'il est en concurrence dans la succession avec les descendants du défunt.

Pour cette théorie, la disposition en question n'exclut le conjoint de la catégorie des héritiers que si le mariage a été célébré sous le régime de la séparation de biens obligatoire, de la communion universelle des biens, ou, si sous le régime de la communion partielle, le défunt n'a pas laissé de biens privés.

En dehors de ces situations, le conjoint survivant doit être considéré comme un héritier, même s'il est en concurrence avec les descendants du défunt.

C'est dans ce sens que le Conseil fédéral de la justice a publié la déclaration n° 270 :

> L'article 1.829, point I, ne garantit au conjoint survivant le droit de concourir avec les descendants de l'auteur de la succession que lorsqu'ils sont mariés sous le régime conventionnel de la séparation de biens ou, s'ils sont mariés sous les régimes de la communion partielle ou de la participation définitive à la succession, que le défunt avait des biens propres, auquel cas le concours est limité à ces biens, les biens communs (la succession) devant être partagés exclusivement entre les descendants.

En accord avec cette position, M. Nery déclare que :

> Le conjoint survivant marié sous le régime de la séparation de biens conventionnelle (1.687 et 1.688) n'est pas couvert par l'exception du CC 1829 I, qui ne vise expressément que les régimes de la communion universelle et de la séparation obligatoire, qui dans le système du CC ne se confond pas avec la séparation conventionnelle. Comme le CC 1829 I établit une *exception* à la règle générale de la succession au conjoint (CC 1830 et 1845), cette exception doit être interprétée de *manière restrictive,* comme le veut le principe de l'herméneutique (...). La règle du CC 1845, aux fins du CC 1829 I, s'applique au conjoint survivant marié sous le régime de la séparation conventionnelle. S'il existe des héritiers descendants, le conjoint survivant marié sous le régime de la séparation de biens est un héritier nécessaire en concurrence avec ces mêmes descendants du *défunt*. S'il n'y a que des héritiers ascendants, le conjoint survivant marié sous le régime de la séparation conventionnelle est un héritier en concours avec les mêmes ascendants du *défunt* (CC 1829 II). (Nery Jr. et Nery, 2011, p. 1.322).

Selon cette théorie, le conjoint survivant est un héritier par disposition du code civil, ce qui révèle clairement, selon eux, l'intention du législateur de protéger le conjoint survivant. C'est ce que prévoit l'article 1.845 du code civil brésilien : "Art. 1.845. Les héritiers nécessaires sont les descendants, les ascendants et le conjoint".

Hironaka défend la position protectionniste du code civil :

> (...) Et le législateur semble avoir bien fait d'élever le conjoint et le concubin au rang de successeurs en concurrence avec les descendants et les ascendants du défunt, dans une part qui dépend de la vérification de certaines hypothèses qui seront dûment analysées dans les rubriques concernées. Et en faisant concourir le conjoint superstitieux à la succession du défunt, elle récompense celui qui a été à

ses côtés jusqu'au moment de sa mort sans chercher à savoir s'il a contribué ou non à l'acquisition des biens mis en succession. Mais elle privilégie aussi les descendants du défunt, en leur garantissant les moyens de commencer ou de poursuivre leur vie. Et, à défaut de ces derniers, il n'oublie ni ne refuse de privilégier les ascendants du défunt, qui sont le plus souvent à l'origine de la formation et de la personnalité du descendant défunt. Ce faisant, le législateur a fait preuve d'une remarquable sagesse et semble s'inscrire dans la ligne de ceux qui voient dans le fondement du droit successoral non seulement le droit de propriété dans son intégralité mais aussi le droit de la famille, dans le but de la protéger, de l'unir et de la perpétuer, comme l'ont voulu, semble-t-il, les anciens maîtres.

Cependant, l'arrêt REsp 992.749/MS, sous le rapport de la juge Nancy Andrighi, a fini par donner des contours absolument opposés à la thèse largement défendue jusqu'alors.

Et que, dans cet arrêt, le ministre a fini par faire sienne la conception du civiliste Miguel Reale, créant, à l'échelle nationale, un nouveau courant jurisprudentiel en la matière, comme nous l'avons expliqué dans la sous-section précédente.

En raison du nouveau paradigme établi dans le REsp 992.749/MS, plusieurs civilistes ont critiqué la décision prise par le STJ, notant qu'elle devrait être appréciée et évaluée avec prudence, en particulier au vu des particularités du cas spécifique établi dans cette affaire.

Pour Zeno Veloso :

> En revenant à la lecture et à l'interprétation de l'art. 1.829, I, du CC, et sachant déjà quand il n'y a pas de concours successoral entre le descendant et le conjoint - en observant les questions soulevées ci-dessus - nous pouvons conclure qu'il y aura alors concours entre le conjoint survivant et les descendants du défunt dans le régime de la séparation conventionnelle des biens (CC, art. 1.687 et 1.688), dans le régime de la participation finale à la succession (CC, art. 1.672 et s.) et dans le régime de la communion partielle des biens, si l'auteur de l'héritage a laissé des biens privés (quant à ces biens), en observant ce que j'ai dit plus haut. 1.672 et s.) et dans le régime de la communion partielle des biens, si l'auteur de la succession a laissé des biens privés (quant à ces biens), en observant ce que j'ai dit précédemment, lorsque j'ai parlé de l'hypothèse du mariage soumis au régime de la communion universelle, mais du défunt ayant laissé des biens privés, qui ne sont donc pas communicables. Pour remettre les pendules à l'heure, rappelons que le Code civil, à l'art. 1.829, I, a expressément indiqué les régimes patrimoniaux du mariage dans lesquels le conjoint n'entre pas en concurrence avec les descendants pour la succession, et le régime de la séparation conventionnelle n'est pas mentionné, raison pour laquelle on ne peut arriver qu'à une seule conclusion : il y a concurrence entre le conjoint et les descendants si le mariage a suivi ce régime de la séparation conventionnelle, visé à l'art. 1.687. [Cette compréhension doctrinale et jurisprudentielle paisible et répandue a toutefois été ébranlée par une décision de la Cour supérieure de justice (troisième chambre, Resp. n. 992.749- MS, Rel. Min.

Nancy Andrighi, date du jugement : 1°-12-2009). La Cour a accueilli à l'unanimité la demande de trois héritiers, enfants du défunt, de rejeter une demande d'habitation (rectius : habilitation) dans l'inventaire, formulée par leur belle-mère, la veuve de leur père, puisque le mariage était soumis au régime de la séparation conventionnelle des biens, selon le contrat prénuptial que le couple avait conclu. Dans le jugement, il est indiqué que "le régime de la séparation de biens obligatoire, prévu à l'art. 1.829, inc. I, du CC/02, est un genre qui réunit deux espèces : (i) la séparation légale, (ii) la séparation conventionnelle. L'une découle de la loi et l'autre de la volonté des parties, et toutes deux obligent les époux, une fois le régime de séparation de biens stipulé, à le respecter. Le conjoint marié en séparation de biens n'a aucun droit à l'héritage, ni à la succession, à condition de respecter le régime des biens stipulé, qui lie les parties dans la vie et dans la mort. Dans les deux cas, le conjoint n'est donc pas un héritier nécessaire. Il s'agit d'une décision qui viole directement un précepte légal (CC, art. 1.829, I). La séparation forcée (cogent) ne doit pas être confondue avec la séparation conventionnelle, qui est le résultat de la libre expression de la volonté des parties concernées. A mon avis, la décision du STJ dans le recours spécial susmentionné a confondu les notions de régime des biens et d'héritage. Art.

1.829, I du Code civil indique expressément les régimes matrimoniaux dans lesquels il n'y a pas de concours de succession entre le conjoint survivant et les descendants du défunt. Et le régime de la séparation conventionnelle des biens n'est pas mentionné dans la liste légale, et l'interprète n'est pas autorisé à étendre la liste des règles, qui ne peut pas être étendue, puisqu'il s'agit d'une règle exceptionnelle. Le STJ s'est probablement prononcé sur la base d'un cas particulier : au moment de son mariage, le défunt avait cinquante et un ans et son épouse vingt et un ; l'auteur de l'héritage, lorsqu'il s'est marié une seconde fois, avait déjà constitué son patrimoine et souffrait d'une maladie invalidante ; le mariage n'a duré que peu de temps : à peine dix mois. Tout cela explique peut-être, mais ne justifie pas, l'arrêt précité. Ma position est évidemment scientifique, purement doctrinale, et je voudrais profiter de l'occasion pour réaffirmer ma grande estime et mon admiration pour la juge Nancy Andrighi. Malgré cet arrêt de la troisième chambre du STJ - qui devrait être isolé - les dispositions du Code civil prévaudront et continueront à s'appliquer : le conjoint marié sous le régime de la séparation de biens obligatoire ne concurrence pas les descendants du défunt ; le conjoint marié sous le régime de la séparation de biens conventionnelle concurrence les descendants du défunt. C'est la doctrine adoptée dans ce livre.

Renouvelant leurs critiques, Tartuce et Simao commentent également l'affaire dans les termes suivants :

(...) Dans l'appel spécial 992.749/MS, la troisième chambre du STJ a statué comme suit : Le régime obligatoire de séparation des biens prévu à l'art.
1.829, Il s'agit d'un genre qui regroupe deux types : (i) la séparation de corps ; (ii) la séparation conventionnelle. L'une découle de la loi, l'autre de la volonté des parties, et toutes deux s'imposent aux époux, dès lors que le régime de la séparation de biens a été stipulé. Le conjoint marié en séparation de biens n'a pas droit à une part de la succession, ni à un concours successoral, à condition que le régime patrimonial stipulé, qui lie les parties dans la vie et dans la mort, soit respecté" (STJ Newsletter n. 418, Rel. Min. Nancy Andrighi, j. 1.12.2009). Il est nécessaire de montrer la fragilité des arguments adoptés. Fondamentalement, il y a deux arguments erronés sur lesquels la décision est basée. Le premier est le suivant : "Le régime obligatoire de séparation de biens prévu à l'art.
1.829, (i) la séparation de corps ; (ii) la séparation conventionnelle. L'une découle

de la loi et l'autre de la volonté des parties". Le grand problème de cet argument est qu'il n'est pas soutenu par la doctrine nationale. Il s'agit en fait d'une thèse qui va à l'encontre de tous les liens entre les civilistes plus anciens et plus récents. La doctrine brésilienne rejette ce point de vue et, depuis Bevilaqua jusqu'à Maria Helena Diniz, il est clair que les informations contenues dans l'accord sont erronées. La séparation forcée n'est pas un genre et ne réunit pas deux espèces. Il s'agit d'une erreur conceptuelle. La séparation de biens est un genre qui réunit deux espèces : (a) la séparation conventionnelle (résultant d'un contrat de mariage) et (b) la séparation forcée ou légale (règle restrictive prévue à l'art. 1.641). Ainsi, le premier motif n'est pas suffisant pour exclure le concours de succession de personnes mariées sous le régime de la séparation forcée. Le deuxième motif est tout aussi faible ("Le conjoint marié en séparation de biens n'a aucun droit à l'héritage, ni à la succession, dans le respect du régime patrimonial stipulé, qui lie les parties dans la vie et dans la mort"). Or, prétendre que le régime des biens lie les parties après leur mort relève de la tératologie. L'obligation, comme on le sait, est le lien juridique entre le créancier et le débiteur. En réalité, ce que dit l'arrêt, en utilisant le mot oblige de manière inappropriée, c'est que le régime des biens produit des effets après la mort des époux et, par conséquent, après la fin du mariage. En effet, la mort met fin au mariage, même si elle permet au superstitieux de se remarier. La mort met fin à la société matrimoniale par la force expresse de l'art. 1.571, I, du Code civil et, par conséquent, le régime des biens s'éteint également avec le décès. En fait, la décision en question entend utiliser l'idée de l'ultra-activité, c'est-à-dire l'efficacité d'une institution qui n'existe plus. Il convient de répéter que si le décès éteint le mariage, il éteint la société matrimoniale ainsi que le régime des biens, et qu'il n'est pas admissible que l'institution continue à produire des effets après son extinction. Il y aurait en quelque sorte une efficacité posthume du régime des biens qui existait auparavant. Il s'agit là d'une curieuse interprétation de la jurisprudence, car, une fois de plus, elle n'est pas soutenue par la doctrine nationale.

Donnant une qualification jurisprudentielle à la polémique, et également à l'échelle nationale, la même Cour Supérieure de Justice a récemment, par l'arrêt REsp 1472945/RJ, conclu que le conjoint marié sous le régime de la séparation conventionnelle des biens est un héritier nécessaire en concurrence avec les descendants du conjoint décédé, s'opposant ainsi à la conclusion donnée dans l'arrêt REsp 992.749/MS.

En maintenant le même point de vue sur l'interprétation protectionniste donnée au conjoint survivant par l'actuel Code civil, et en formulant les mêmes critiques à l'égard du REsp 992.749/MS, l'arrêt du REsp 1472945/RJ, sous le rapport du juge Ricardo Villas Boas Cueva, est le suivant (le juge Moura Ribeiro a voté contre) :

APPEL SPÉCIAL. DROIT SUCCESSORAL. INVENTAIRE ET PARTAGE. RÉGIME DES BIENS. SÉPARATION CONVENTIONNELLE. CONTRAT DE MARIAGE PAR ACTE PUBLIC. CONJOINT SURVIVANT. CONCOURS À LA SUCCESSION

HÉRÉDITAIRE AVEC LES DESCENDANTS. STATUT DE L'HÉRITIER. RECONNAISSANCE. EXÉGÈSE DE L'ART. 1.829, I, DU CC/02. PROGRÈS DANS LE DOMAINE DE LA SUCCESSION SOUS LE CODE CIVIL 2002. PRINCIPE DE L'INTERDICTION DE LA RÉGRESSION SOCIALE. (1) L'article 1.829, I, du Code civil 2002 confère au conjoint marié sous le régime de la séparation conventionnelle la qualité d'héritier nécessaire, qui concourt avec les descendants du défunt quelle que soit la durée du mariage, en vue de leur garantir le minimum nécessaire à une survie digne. (2) La volonté de pleine communion de vie entre les époux (art. 1.511 du Code civil) a conduit le législateur à inclure le conjoint survivant dans la liste des héritiers nécessaires (art. 1.845), ce qui traduit l'avancée irréfutable du Code civil de 2002 dans le domaine successoral, à la lumière du principe de l'interdiction de la régression sociale. (3) Le contrat de mariage conclu sous le régime conventionnel de séparation ne prévoit que l'incommunicabilité des biens et leur mode d'administration pendant le mariage, et ne produit pas d'effets après le décès, puisque l'ordre juridique national ne prévoit pas d'ultra-activité du régime patrimonial susceptible de donner un effet posthume au régime matrimonial. (4) Le fait générateur en droit successoral est le décès de l'un des époux et non, comme c'est le cas en droit de la famille, la vie commune. Les situations, bien que distinctes, ne justifient pas un traitement homogène au regard du principe de spécificité, raison pour laquelle l'incessibilité des biens n'est pas pérennisée post-mortem. (5) Le concours successoral dans la séparation conventionnelle s'impose comme une règle d'ordre public et toute convention contraire est nulle, d'autant plus que ce régime n'a pas été inscrit comme exception à la règle de concours prévue à l'article 1.829, I, de la loi sur la séparation conventionnelle. 1.829, I, du Code civil. (6) Le régime de la séparation de biens conventionnelle librement choisie par les époux à la lumière du principe de l'autonomie de la volonté (par le biais du contrat de mariage) ne doit pas être confondu avec le régime de la séparation de biens légale ou obligatoire, qui est imposé de manière claire par la législation (art. 1.641 du Code civil), et dans lequel il n'y a effectivement pas de concours de l'époux avec le descendant. 7) Application de la maxime herméneutique selon laquelle l'interprète ne peut pas restreindre là où la loi n'a pas prévu d'exceptions, sous peine de violer le dogme de la séparation des pouvoirs (art. 2 de la Constitution fédérale de 1988). (8) Le nouveau Code civil, en étendant les droits du conjoint survivant, a assuré aux personnes mariées par communion partielle une participation à l'héritage des biens privés, même s'ils sont les seuls laissés par le défunt, droit qui, pour les mêmes raisons, devrait être accordé aux personnes mariées par séparation conventionnelle, dont la succession est inexorablement composée uniquement de biens privés. (REsp 1472945/RJ, Ministre Rel. RICARDO VILLAS BOAS CUEVA, TROISIÈME TRIBUNAL, jugé le 23/10/2014, DJe 19/11/2014)

En effet, en août 2014, la Cour supérieure de justice avait déjà jugé que le conjoint survivant pouvait concourir à la succession des descendants de l'époux décédé, lorsque le régime matrimonial des époux était la séparation conventionnelle.

Cela a été fait par le biais du REsp 1430763/SP. Voici un aperçu de la phrase :

CIVIL. DROIT DE SUCCESSION. CONJOINT. HÉRITIER NÉCESSAIRE. ART. 1.845 DU CC. RÉGIME CONVENTIONNEL DE SÉPARATION DE BIENS.

CONCURRENCE AVEC LE DESCENDANT. POSSIBILITÉ. ART. 1.829, I, DU CC. (1) Le conjoint, quel que soit le régime patrimonial adopté par le couple, est un héritier nécessaire (art. 1.845 du Code civil). (2) Dans le régime conventionnel de la séparation de biens, le conjoint survivant est en concurrence avec les descendants du défunt. La loi n'exclut le concours que dans le régime de la séparation de biens légale prévu à l'art. 1.641 du Code civil. Interprétation de l'art. 1.829, I, du Code civil. 3. recours spécial rejeté. (REsp 1430763/SP, Rel. pour l'avis Ministre JOAO OTAVIO DE NORONHA, TROISIÈME TRIBUNAL, jugé le 19 août 2014, DJe 1er décembre 2014)

Par conséquent, selon cette tendance, qui est très forte et qui représente le point de vue le plus actuel sur le sujet, tel que cité dans les arrêts du STJ, la disposition légale a fini par être interprétée comme signifiant que le conjoint marié sous le régime de la séparation conventionnelle est l'héritier nécessaire de son consort décédé, même s'il est en concurrence avec les descendants du défunt.

Enfin, il convient de noter que l'actuel portrait a dû redoubler d'efforts pour s'imposer. En plus de présenter des arguments compatibles avec la complexité de la question, il a fallu véritablement confronter la position précédemment défendue par la Cour supérieure de justice elle-même, afin qu'une conclusion différente puisse être présentée de manière plausible.

SECTION IV - L'INTERDICTION DE L'INTÉRÊT PERSONNEL ET LE DEVOIR DE JURIDICTION DE L'ÉTAT - LE RÔLE DU STJ ET LE BESOIN DE SÉCURITÉ JURIDIQUE

Dans les pays civilisés comme le Brésil, l'idée de résoudre les conflits par l'autodéfense n'est pas concevable.

Selon Didier, il s'agit de légitime défense :

> Il s'agit d'une solution à un conflit d'intérêts qui consiste à imposer la volonté de l'un d'entre eux en sacrifiant les intérêts de l'autre. C'est une solution égoïste et partielle au litige. Le *"juge de l'affaire"* est l'une des parties. (...) C'est une solution qui est interdite, en règle générale, dans les systèmes juridiques civilisés. Elle constitue un délit : exercice arbitraire de la raison (s'il s'agit d'un particulier) et exercice arbitraire ou abus de pouvoir (s'il s'agit de l'Etat). (Didier, v. 1, 2011, p. 99).

En raison de l'interdiction de l'autodéfense, l'État a assumé le devoir de promouvoir la résolution des conflits par l'exercice d'un de ses pouvoirs d'État : le pouvoir judiciaire.

Didier ajoute

> La juridiction est la manifestation d'un Pouvoir, et s'impose donc impérativement, en appliquant le Droit aux situations concrètes qui sont soumises à l'organe juridictionnel. Avec la fonction législative et la fonction administrative, la fonction juridictionnelle constitue le triptyque des pouvoirs de l'Etat (Didier, v. 1, 2011, p. 92).

C'est grâce à cet exercice du pouvoir juridictionnel que l'État dit et applique la loi dans le cas concret, ce qui permet de résoudre le conflit. Pour Neves :

> La compétence peut être comprise comme une **action de l'État** visant à **appliquer le droit** objectif au cas spécifique, à résoudre **définitivement une** situation de **crise juridique** et à générer ainsi la **paix sociale** (Neves, v. 1, 2011, p. 03).

Par l'exercice du pouvoir législatif, l'État promeut l'ordre juridique en édictant des règles *préventives* et *hypothétiques* à appliquer dans les relations sociales, en attribuant aux *citoyens* des droits et des devoirs afin de parvenir à la paix sociale. Cependant, il n'est pas toujours possible d'atteindre ce que l'on recherche uniquement en émettant des règles, c'est pourquoi l'État lui-même devra chercher des moyens de faire respecter la loi, au moyen de mesures coercitives, via le pouvoir juridictionnel (Theodoro Junior, 2014, p. 47).

Ainsi, dans la vision contemporaine, l'État a le devoir, par ses pouvoirs, de promouvoir la paix sociale, soit en émettant des directives générales qui guident les relations sociales (pouvoir législatif), soit en utilisant des outils coercitifs pour s'assurer que ce qui a été réglementé est effectivement appliqué (pouvoir judiciaire).

Mais il n'en a pas toujours été ainsi. Grinover, dans un texte très juste, traduit bien cette évolution de l'application du droit. Selon elle :

> Dans les phases primitives de la civilisation, lorsqu'il n'y avait pas encore de lois générales et abstraites ni d'organe étatique qui, avec souveraineté et autorité, garantissait le respect de la loi, quiconque voulait quelque chose que quelqu'un d'autre l'empêchait d'obtenir essayait, avec ses propres forces et dans la mesure de ses possibilités, d'obtenir la satisfaction de sa demande par ses propres moyens. Il s'agit là d'un intérêt personnel, naturellement précaire et aléatoire, qui ne garantit pas la justice, mais la victoire du plus fort, du plus astucieux ou du plus audacieux. À l'intérêt personnel s'ajoute, dans les systèmes primitifs, l'autocompensation, par laquelle l'une ou l'autre des parties en conflit renonce à son intérêt ou à une partie de celui-ci. Peu à peu, des solutions impartiales ont été recherchées par le biais de la décision de tiers, des personnes en qui les parties avaient mutuellement confiance, pour résoudre leurs conflits. C'est ainsi que sont apparus des arbitres, prêtres ou anciens, qui agissaient selon la volonté des dieux ou parce qu'ils connaissaient les coutumes du groupe social constitué par les parties. Ce n'est que plus tard, lorsque l'État s'est affirmé et a réussi à s'imposer aux particuliers, qu'il a progressivement tendu à s'approprier le pouvoir de dicter les solutions aux conflits, passant de la justice privée à la justice publique. C'est ainsi qu'est née la juridiction, activité par laquelle les juges étatiques examinent les demandes et résolvent les conflits, en se substituant à la volonté des parties. La juridiction a fini par absorber tout le pouvoir de régler les conflits et de pacifier les gens, devenant un monopole de l'État (Grinover, 2007, p. 13).

Dans le même ordre d'idées, Theodoro Junior enseigne :

> Primitivement, l'État était faible et se limitait à définir des droits. Il appartenait aux titulaires des droits reconnus par les instances étatiques de les défendre et de les faire respecter avec les moyens dont ils disposaient. C'est l'époque de la justice privée ou de la justice par soi-même, naturellement imparfaite et incapable de générer la paix sociale souhaitée par tous. Avec le renforcement de l'État et l'amélioration du véritable État de droit, la justice privée, déjà discréditée par son impuissance, a été remplacée par la justice publique ou officielle. L'État moderne s'est alors arrogé la charge et le monopole de définir le droit concrètement applicable aux situations litigieuses, ainsi que celui de réaliser ce même droit si le récalcitrant refuse de se conformer spontanément au commandement concret de la loi. (Theodoro Junior, 2014, p. 47).

Cet exercice de la compétence, qui impose aux parties la réalisation de la loi, suivant la volonté de la norme, représente une garantie constitutionnelle exprimée à l'article 5, point XXXV, de la Constitution fédérale, selon lequel "la loi n'exclut de l'appréciation du pouvoir judiciaire aucune lésion ou menace pour le droit". C'est ce que l'on appelle la garantie de l'inamovibilité du pouvoir judiciaire.

En raison de cette hypothèse étatique et de l'interdiction de l'autodéfense, les conflits sociaux devant être résolus par l'État devront être enfermés dans des critères qualitatifs positifs, efficaces et sûrs, en particulier lorsque le conflit est lié à la famille.

En d'autres termes, puisque l'Etat a le monopole de l'application de la loi, de la recherche de l'ordre et de la paix sociale, une attention particulière doit être accordée aux conflits familiaux, puisque notre Magna Carta établit que la famille est la base de la société et qu'elle mérite donc une protection particulière (art. 226, CF).

Au nom de cette protection particulière, face à un litige familial, le pouvoir judiciaire doit être exercé avec beaucoup plus de prudence. Au Brésil, cet exercice de la compétence est structuré de manière à privilégier la sécurité juridique.

Cette structure confère à la Cour supérieure de justice la lourde tâche de gérer et de protéger le droit, en uniformisant l'application de la législation fédérale infra-constitutionnelle, afin de garantir l'égalité de traitement entre les membres de la société, et surtout, par conséquent, de protéger son fondement, à savoir la famille.

Sur le rôle de la Cour supérieure de justice, Didier enseigne :

> Le Tribunal supérieur de justice conserve la fonction d'interpréter la législation infra-constitutionnelle, en corrigeant les illégalités commises dans le jugement des affaires, en dernière ou unique instance, par les tribunaux régionaux fédéraux et par les cours de justice. Dans le cadre de cette tâche d'interprétation et de préservation de la législation infraconstitutionnelle, le STJ a une autre fonction : l'*uniformisation de la* jurisprudence nationale. Il s'agit d'une fonction très importante, **étroitement liée au principe de sécurité juridique**. Or, si le STJ est chargé d'interpréter et de préserver la législation infra-constitutionnelle, l'arrêt rendu, qui donne une interprétation à une certaine règle fédérale, sert en même temps de correctif à la décision attaquée et d'élément d'*uniformisation de la* jurisprudence en ce qui concerne l'interprétation de cette règle. Tout cela signifie que le STJ joue un rôle *paradigmatique*, en ce sens que ses décisions servent d'exemple à suivre par les autres tribunaux, réalisant ainsi l'*uniformisation de la* jurisprudence nationale....En bref, le STJ remplit la fonction première d'interpréter et de préserver la législation fédérale infra-constitutionnelle, ainsi que d'*uniformiser la* jurisprudence nationale concernant cette même législation, dans des décisions *paradigmatiques*. (Didier, v. 3, 2011, p. 302/303) - **c'est nous qui soulignons** -

Comme nous pouvons le constater, l'exercice du pouvoir juridictionnel nécessite une concaténation structurelle qui permet l'application correcte de la loi au niveau national. En effet, compte tenu du monopole assumé par l'État, en tant que détenteur de la juridiction, la société fait confiance et attend de ce même État-juge une application correcte et uniforme de la loi, sur l'ensemble du territoire brésilien.

Cette nécessaire relation de confiance se traduit par le principe de sécurité juridique qui, d'idéal, devient obligatoire, permettant l'exercice des relations sociales et la prise de décisions sur la base d'un paramètre normatif fondamental, qui doit être réglementé et appliqué par l'État.

Les citoyens, dans le libre exercice de leurs droits et prérogatives sociales, et en particulier dans leur environnement familial, et sur la base de leur sens de la justice, remodelé par les limites de l'État, cherchent leurs propres voies et orientations.

Lorsqu'il décide de se marier et de fonder une nouvelle unité familiale, l'épine dorsale de la société, ce même citoyen prend des décisions et choisit des voies. Et il le fait en sachant que sa conception de ce qui serait juste, et applicable en fonction de ses choix de vie, sera guidée par ce que l'État a réglementé et décidé.

Dans ces conditions, et à la lumière de ce qui a été dit ici, ce citoyen sera inspiré par l'idéal de sécurité juridique qui doit être encouragé par l'État, afin qu'il puisse s'orienter et décider de sa ligne de conduite, en utilisant cette même protection pour voir les droits sur lesquels il s'est fondé sauvés et préservés.

Par conséquent, du fait que l'État assume l'exercice de la compétence, et donc l'interdiction de la légitime défense, la prestation des services judiciaires doit être efficace et sûre, capable de procurer aux tribunaux un sentiment réel et réconfortant de confiance et de justice.

CONCLUSION

Partant du principe que le mariage est l'une des formes les plus traditionnelles de formation de la famille et qu'il est le résultat de l'interrelation nécessaire entre des personnes dotées de sentiments, je vais maintenant tirer mes conclusions.

Parmi les nombreuses valeurs ancrées dans cette base sociale (la famille), l'une des plus importantes est certainement la propriété. Au moment du mariage, le couple devra décider de son régime de propriété, en choisissant l'une des options réglementées et offertes par l'État.

Le couple peut choisir de partager les biens et les obligations, présents, passés et futurs. Ils peuvent également ne partager que les biens présents et futurs, ou séparer complètement leurs biens.

Les raisons pour lesquelles ces parties contractantes choisissent l'un ou l'autre régime de propriété se reflètent dans les nombreuses variables selon lesquelles un individu se positionne et s'oriente dans la poursuite de ses intérêts.

S'ils choisissent de séparer leurs biens, de manière conventionnelle ou non, il est dûment convenu entre le couple que les biens de chacun ne seront pas partagés et que ces biens auront toujours les caractéristiques d'une propriété privée.

Parmi les nombreuses raisons qu'un citoyen peut avoir de ne pas diviser son patrimoine pendant le mariage, l'une d'entre elles peut résulter de l'intérêt de maintenir le patrimoine selon des critères consanguins, évitant ainsi que son patrimoine ne prenne un cours indéfini en cas de séparation conjugale, voire de séparation à la suite de son décès.

Ainsi, suivant cette conception, il décide de se marier de manière à ne pas permettre la "perte" des biens. Cette conviction est respectée par l'Etat, puisqu'il prévoit, par sa réglementation, le mariage sous le régime de la séparation de biens conventionnelle.

Ceci par respect de l'autonomie de la volonté qui, une fois exprimée expressément, doit être respectée.

En suivant ces paramètres, et en tenant compte de tout ce qui a été dit dans ce travail, en vertu des recherches effectuées, on pourrait conclure que la volonté de la personne qui s'est mariée sous le régime de la séparation conventionnelle devrait être respectée, même après son décès.

En fait, c'est le point de vue adopté dans le courant inauguré par l'illustre juriste Miguel Reale, et approuvé par la ministre Nancy Andrighi, lors du jugement REsp 992.749-MS, selon lequel la volonté de la personne qui s'est mariée sous le régime de la séparation des biens doit être privilégiée, ne permettant pas qu'après sa mort, ses biens soient donnés à ceux qui, de son vivant, ne lui ont pas fait confiance pour les conserver.

Selon cette position, le conjoint n'est pas l'héritier de son partenaire décédé, lorsqu'il est en concurrence avec les descendants du défunt. Si le *défunt* avait voulu honorer son conjoint, il aurait dû le faire par le biais d'un testament.

Personnellement, je suis d'accord avec cette ligne de pensée, car elle semble très claire et convaincante, révélant que la morale et les bonnes coutumes prévalent. **Toutefois,** compte tenu du caractère un peu plus technique de ma position, je finis par rejeter cette possibilité.

Or, selon la combinaison concaténée de ce qui est prévu dans notre système civil, ce n'est pas ce qu'a compris le législateur. Au contraire, il y avait un réel souci de protéger le conjoint survivant, même au détriment de la volonté du défunt.

En effet, le Code civil actuel a fini par placer le conjoint survivant dans la position d'héritier nécessaire, selon le libellé de l'article 1.845 de la loi précitée. Pour cette raison, et compte tenu de la clarté du texte, la suppression de cette condition pour le conjoint nécessite des restrictions légales spécifiques.

S'il n'y en a pas, et il n'y en a vraiment pas, puisque l'article 1.829, I du CCB ne le prévoit pas, il n'y a pas de possibilité d'exclure le conjoint de la qualité d'héritier nécessaire. Il s'agit d'une solution très simple et technique qui, à notre avis, ne nécessiterait pas une telle polémique.

Bien que je sois enclin à la position contraire, la technique ne me permet pas de conclure autrement, c'est pourquoi je considère que l'interprétation établie dans le REsp 992.749-MS est absolument erronée, car elle a fini par confondre toutes les règles existantes en la matière, provoquant un doute et une incertitude extrêmes dans la communauté juridique, générant un impact immense sur la société dans son ensemble.

La vérité est que la Cour supérieure de justice n'a pas rempli sa fonction institutionnelle de sécurité juridique en se laissant emporter par des concepts sans rapport avec le texte infra-constitutionnel, provoquant ainsi d'immenses troubles dans tout le pays, comme en témoignent les arrêts qui ont suivi la position défendue dans le REsp 992.749.

La situation est si grave qu'elle nécessite que le STJ statue dans un sens différent (REsp 1.472.945) afin de rétablir l'ordre juridique. De tels cas exigent du représentant de l'État qu'il fasse prévaloir la raison sur la passion, afin d'éviter des dommages importants.

La famille et ses membres ont été laissés sans protection pendant toute cette période d'incertitude, qui est toujours en vigueur, puisque les effets du REsp 992.749-MS sont encore ancrés dans la famille, comme le montrent les récents jugements rendus par les tribunaux locaux mentionnés ci-dessus.

Le juge d'État a donc failli à son activité judiciaire en méconnaissant l'ensemble du droit. La société s'est chargée d'un immense fardeau (qu'elle n'a pas provoqué), blessé à sa base - la famille. Les pages académiques peuvent contenir des débats doctrinaux et conceptuels. Ce n'est pas le cas des décisions, surtout lorsqu'elles sont reçues comme des paradigmes dans tout le pays.

Ainsi, la société, empêchée de résoudre ses propres conflits par la prise en charge de cette compétence par l'État, voit ses espoirs d'une application juste, uniforme, ergonomique et correcte de la loi s'évanouir lorsqu'elle est confrontée à des changements aussi inattendus et dépourvus de support juridique technique.

On peut donc conclure qu'un époux marié sous le régime conventionnel de la séparation de biens est l'héritier nécessaire de son conjoint décédé, même s'il est en concurrence avec les descendants de ce dernier, comme l'a décidé le REsp 1.472.945-RJ. Telle est en effet la volonté de la loi.

Une prise de position dans une autre direction nécessite un changement législatif et ne peut être le fait du seul pouvoir judiciaire qui, heureusement ou malheureusement, n'a pas le pouvoir de légiférer.

RÉFÉRENCES

BRESIL. Constitution (1988). Constitution de la République fédérative du Brésil. Brasilia, DF : Senado 2009.

BRÉSIL. *Déclaration n° 270 du Conseil fédéral de la justice.* Disponible   à l'adresse : http://daleth.cjf.jus.br/revista/enunciadosZl IIJornada.pdf. 20/05/2015.

BRÉSIL. Cour supérieure de justice. Nouvelles : Sepao unifie la compréhension sur la succession dans le régime de la communauté partielle de biens. 26/05/2015.   Disponivelem: http://www.stj.jus.br/sites/STJ/default/ptBR/noticias/noticias/Se%C3%A7%C 3%A3o-uniformiser-entendimento   sobre-success%C3%A3o-em-regime-de-comunh%C3%A3o-parcial-de-bens. Consulté le 28/05/2015.

BRÉSIL. Cour supérieure de justice. Appel spécial n° 992.749/MS. Rel. min. Nancy Andrighi. Troisième chambre. Jugé le 01/12/2009. Jugé le 05/02/2010.

BRÉSIL. Cour supérieure de justice. Appel spécial 1.111.095/RJ. Min. rel. Fernando Gonpalves. Quatrième chambre. Jugé le 01/10/2009. Jugé le 11/02/2010.

BRÉSIL. Cour supérieure de justice. Appel spécial n° 1.377.084/MG. Min. rel. Nancy Andrighi. Troisième chambre. Jugé le 08/12/2013. Jugé le 15/10/2013.

BRÉSIL. Cour supérieure de justice. Appel spécial n° 1.430.763/SP. Min. rel. Joao Otavio de Noronha. Troisième chambre. Jugé le 19 août 2014. DJe 01/12/2014.

BRÉSIL. Cour supérieure de justice. Appel spécial 1.472.945/RJ. Rel. Ricardo Villas Boas Cueva. Troisième chambre. Jugé le 23 octobre 2014. DJe 19/11/2014.

BRÉSIL. *Cour suprême fédérale*. Sumula 377. Disponible à l'adresse : http://www.stf.jus.br/portal/cms/verTexto.asp?servico=jurisprudenciaSumula& pagina=sumula 301 400. Consulté le 21/05/2015.

BRÉSIL. Cour de justice de Goias. Agl n. 219665-75.2012.8.09.0000, Rapporteur Fausto Moreira Diniz. 6ª Chambre civile. Jugé le 02/12/2012, DJe 11/10/2012.

BRÉSIL. Cour de justice du Rio Grande do Sul. Agl n. 70054712559, Rapporteur Des. Luiz Felipe Brasil Santos. Huitième chambre civile. Jugé le 29/08/2013.

BRESIL. Cour de justice du Rio Grande do Norte. App n. 2013.009417-9, juge rapporteur Claudio Santos. Troisième chambre civile. Jugé le 01/10/2013.

BRÉSIL. Cour de justice du district fédéral. Agl n. 20140020028778, Rapporteur Des. Esdras Neves. Sixième chambre civile. Jugé le 2 avril 2014, DJe le 8 avril 2014.

BRÉSIL. Cour de justice de Sao Paulo. Rapporteur : M. Mendes Pereira. 7ème chambre de droit privé. Jugé le 05/11/2014, DJe 05/11/2014.
DIAS, Maria Berenice. *Manual das Sucessoes*. 2e édition, Sao Paulo : Editora Revista dos Tribunais, 2011.

DIAS, Maria Berenice. *Manuel de droit de la famille*. 8ème édition, Sao Paulo : Editora Revista dos Tribunais, 2011.

DIDIER JR, Fredie. *Curso de Direito Processual Civil, 13 ed, Vol. 1,* Salvador : Editora Juspodivm, 2011.

DIDIER JR, Fredie ; CUNHA, Leonardo Carneiro da. *Curso de Direito Processual Civil, 9 ed, Vol. 2,* Salvador : Editora Juspodivm, 2011.

DINIZ, Maria Helena. *Cours de droit civil brésilien.* Droit de la famille. 22. éd. Vol. 5, Sao Paulo : Editora Saraiva, 2007.

FARIAS, Cristiano Chaves de ; ROSENVALD, Nelson. *Cours de droit civil :* Familles. 6. éd. Vol. 6, Salvador : Editora Juspodivm, 2014.

HIRONAKA, Giselda Maria Fernandes Novaes, Comentarios ao Codigo Civil, vol. 20, coord. Antonio Junqueira de Azevedo, Sao Paulo : Saraiva, 2003.

LEITE, Eduardo de Oliveira. *Droit civil appliqué.* Vol. 5, Sao Paulo : Editora Revista dos Tribunais, 2005.

MADALENO, Rolf. *Cours de droit de la famille.* 3. ed. Rio de Janeiro : Editora Forense, 2009.
MEDINA, Jose Miguel Garcia ; ARAUJO, Fabio Caldas de. *Codigo Civil Comentado,* Sao Paulo : Editora Revista dos Tribunais, 2014.

NADER, Paulo. *Cours de droit civil :* Droit de la famille. Vol. 5, Rio de Janeiro : Editora Forense, 2006.

NERY JR, Nelson ; NERY, Rosa Maria de Andrade. *Codigo Civil Comentado.* 8. éd. Sao Paulo : RT, 2006.

NEVES, Daniel Amorim Assumpgao. Manuel de droit procédural civil, volume unique. Sao Paulo : Ed. Metodo, 2011.

REALE, Miguel. *Estudos Preliminares do Codigo Civil,* Sao Paulo : Editora Revista dos Tribunais ; 2003.

TARTUCE, Flavio ; SIMAO, Jose Fernando. *Droit civil : Droit des* successions, 6ª ed. vol. 6, Sao Paulo : Metodo, 2013.

TARTUCE, Flavio. *Manuel de droit civil.* 4e édition, Rio de Janeiro : Forense ; Sao Paulo : METODO, 2014.

THEODORO JUNIOR, Humberto. *Cours de droit procédural civil,* 55e éd. Vol. I, Rio de Janeiro : Forense, 2014.

ZENO, Veloso. *Direito hereditario do conjuge e do companheiro,* 1ère édition, Sao Paulo : Saraiva, 2010.

Printed by Books on Demand GmbH, Norderstedt / Germany